힙합은
어떻게
힙하게
됐을까?

힙합은 어떻게 힙하게 됐을까?

힙합의 시초부터 내가 만드는 힙합까지

한동윤 지음

㈜자음과모음

저녁 무렵 서울 홍대 거리. 어디선가 쿵쿵거리는 음악 소리가 들린다. 발걸음을 옮겨 소리가 나는 쪽으로 가 보니 아마추어 래퍼 몇명이 힙합 공연을 펼치고 있다. 주변에 몰린 수십 명의 관객은 음악에 맞춰 흥겹게 리듬을 탄다. 래퍼들이 어떤 가사를 같이 외쳐달라고 부탁하니 자리에 있던 사람들은 망설임 없이 응한다. 마치한 팀 같다. 이제 홍대에서 이런 풍경은 전혀 낯설지 않다. 주말이아닌 평일에도 거리에서의 힙합 공연은 제법 흔하다.

  불과 3, 4년 전만 해도 길거리 힙합 공연은 이렇게까지 상시적으로 열리지 않았다. 힙합 시장이 꾸준히 성장하는 중에도 힙합 공연은 대체로 클럽에서 이뤄질 뿐이었다. 하지만 최근 들어 힙합은 거리를 활보하며 불특정 다수와 친숙하게 호흡하고 있다. 힙합의 인기가 높아졌기에 가능한 일이다.

 힙합을 즐기는 인구는 과거와 다르게 부쩍 늘었지만 힙합에 대한 대중의 인식은 예나 지금이나 고만고만하다. 대다수가 힙합을 신나게 노는 음악, 센 척하는 음악, 잘난 체하는 음악, 욕하는 음악 정도로 여긴다. 이와 같은 생각이 굳어지게 된 이유는 그런 가사가 압도적으로 많은 탓이 크다.

 그런가 하면 힙합을 비방을 목적으로 하는 음악으로 보는 사람도 상당수다. 자신을 드높이기 위해 누군가의 인격을 짓밟고 웃음거리로 만드는 가사를 어렵지 않게 만날 수 있기 때문이다. 게다가 힙합을 소재로 한 예능 프로그램들에 래퍼들끼리 인신공격을 주고받는 공연이 자주 담겨 힙합의 특성은 물고 뜯는 것이라는 인식이 더욱 확산되고 있다. 안타까운 일이 아닐 수 없다.

 하지만 힙합이 내보이는 모습은 오락, 허세, 과시, 욕설, 험담이 전부가 아니다. 힙합에는 진지하고 온정 어린 태도도 존재한다. 세상이 돌아가는 형편을 다루기도 하고, 국민의 생활에 밀접한 정치를 논하기도 한다. 때로는 불합리한 제도에 거세게 맞선다. 어떤 노래는 힘겨운 상황에 처한 사람들을 위로하고 용기를 북돋워 준다. '우리'에 초점을 맞춰 사회를 돌아보는 것도 힙합을 이루는 면들 중 하나다.

 이처럼 다양한 면모, 다채로운 표현을 지닌 힙합을 제대로 이해하기 위해서는 힙합의 역사를 두루 알아야 한다. 힙합이 어떻게 탄생했으며, 어떤 변화를 거쳐 왔는지 흐름을 파악해야 힙합을 지혜롭고 깊이 있게 즐길 수 있다. 《힙합은 어떻게 힙하게 됐을까?》가 소개하는 힙합 음악과 패션, 갖가지 이슈를 아우른 구성은 힙합의 발자취를 입체적으로 들여다보는 데에 도움이 될 것이다. 대중음악계뿐만 아니라 사회적으로도 큰 파장을 일으킨 일화들을 통해서는 힙합이 법, 경제, 문화, 심리 등 여러 영역에 연관을 맺어 왔음을 확인할 수 있다.

힙합은 미국 흑인 사회에서 발생한 문화이기에 노래에 흑인들의 생활이 반영될 수밖에 없다. 따라서 그들의 삶을 헤아리는 일이 중요하다. 특히 흑인들이 수백 년 동안 겪어 온 차별과 억압의 역사는 힙합이 때로는 지독한 과격함을, 때로는 건설적인 주장을 나타내는 주된 요인으로 작용했다. 책에 담긴 미국 내 흑인들의 삶을 살펴본다면 힙합이 전하는 각양각색의 정서를 이성적으로 받아들일 수 있을 것이다.

힙합이 사회, 문화와 긴밀하게 관계를 이루는 모습, 사람들의 삶을 노래에 녹여 낸 이유를 충분히 이해할 때 힙합에 대한 폭넓고 올바른 시각을 갖출 수 있다. 이로써 힙합을 접하며 무엇을 본받고 무엇을 버려야 할지도 깨닫게 된다. 지금과 같이 헛된 자기 자랑, 과격한 표현이 넘쳐 나는 것은 무분별하게 스타일과 재미만 따른 결과다.

책에 수록한 이런저런 에피소드와 예시는 결국 '힙합을 어떻게 누릴 것인가?' 하는 물음을 종착지로 한다. 이 책이 힙합을 좋아하는 독자들, 래퍼를 꿈꾸거나 현재 힙합을 하고 있는 독자들이 힙합을 멋지게 즐기는 데에 길잡이가 됐으면 좋겠다. '멋지다'라는 말은 단순히 겉만 번지르르한 것을 뜻하지 않는다. 생각이 건강하고 행동이 바른 것이 진정한 멋이다. 참된 멋을 간직하면서 자기만의 표현과 삶의 리듬을 찾길 바란다.

책의 출간을 맡아 준 자음과모음 출판사 여러분께 감사드린다. 가치 있는 가사로 힙합이 지성의 산물임을 일깨워 주는 뮤지션들에게도 고마움을 전한다.

한동윤

CONTENTS

3장

나쁜 힙합, 착한 힙합

4장

듣는 힙합에서 입는 힙합으로

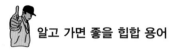 알고 가면 좋을 힙합 용어

힙합hip hop
1970년대 미국에서 발생한 흑인들의 문화. 최근에는 대중음악의 장르 중 하나로 널리
받아들여지고 있다.

엠시MC, master of ceremonies
원래는 행사의 진행자를 일컫지만 힙합 문화에서는 래퍼를 가리키는 다른 명칭으로
흔히 쓰인다. 어떤 래퍼는 '관중을 움직이는 사람move the crowd'이라는 새로운 의미를
부여하기도 했다.

디제이DJ, disk jockey
턴테이블과 레코드판을 이용해 반주를 만들거나 색다른 소리를 들려주는 사람.

프로듀서producer
보통 대중음악에서 프로듀서는 연주, 가창, 녹음 등 노래 제작의 전반적인 업무를 기
획, 감독하는 사람을 뜻한다. 하지만 힙합에서는 대체로 전자악기, 음악 제작 소프트
웨어, 턴테이블 등을 활용해 반주를 만드는 사람을 가리킨다. 때문에 프로듀서를 '비
트 메이커'라고 부르기도 한다. 전통적으로 디제이들이 프로듀서 역할을 해 왔다.

샘플링sampling
이미 존재하는 곡의 일부분을 뽑아내 새롭게 가공하는 행위. 힙합 음악 제작의 대표적
인 방식이 됐다.

비보잉B-boying
미국 흑인 젊은이들에 의해 만들어진 스트리트 댄스의 한 종류. 몸의 일부분을 땅에
밀착한 상태로 회전하는 동작이 주를 이룬다.

그라피티 graffiti
건물 벽면이나 고가도로 기둥, 지하철 차량 등에 스프레이 페인트로 낙서 같은 그림을 그리는 행위.

비트박싱 beatboxing
입으로 드럼 연주와 유사한 소리를 만들어 내는 것.

훅 hook
한 노래에서 두드러지는 멜로디나 반복되는 가사로 듣는 이들이 쉽게 기억할 수 있도록 한 부분. 주로 후렴을 의미한다.

라임 rhyme
가사에서 문장의 첫머리나 중간, 끝 부분에 규칙적으로 위치하는 발음이 비슷한 글자. 우리나라 힙합에서는 모음이 많이 활용된다.

플로 flow
말의 빠르기, 높낮이, 강약 등을 다르게 해 랩에 리듬감과 생동감을 생성하는 것. 라임도 플로를 구성하는 중요 요소다.

펀치라인 punchline
듣는 이를 웃게 만들 만한 농담이나 말장난. 우리나라 힙합에서는 동음이의어를 이용해 중의적 표현을 만드는 언어유희 형태가 많이 쓰인다.

스왜그 swag
잔뜩 폼을 잡거나 으스대는 모습을 뜻하는 힙합 용어.

디스 diss와 리스펙트 respect
디스는 무례를 뜻하는 영어 단어 디스리스펙트disrespect에서 파생된 말로, 누군가를 비난하거나 폄하하는 행위를 일컫는다. 그와 반대로 리스펙트는 존경을 의미한다.

1장

세상에,
저게 다 힙합이라고?

우리는
힙합과 살고 있어

래퍼들이 경합을 벌이는 프로그램 〈쇼미더머니〉를 향한 대중의 반응은 언제나 뜨겁다. 〈쇼미더머니〉가 방송될 때마다 프로그램 제목은 어김없이 실시간 검색어 1위를 차지한다. 2012년 시작해 여러 차례 시즌을 이어 오며 인지도를 높였으니 당연한 현상이라고 생각하는 사람도 있을 것이다. 하지만 출연하는 래퍼들의 이름까지 실시간 검색어를 채우는 광경은 분명 특별하다고 할 만하다. 이들 대부분이 유명한 인물은 아니기에 이런 모습은 굉장히 신기하게 느껴진다. 프로그램에서 선보인 노래가 정식으로 발표되면 순식간에 음원 차트 상위권에 진입한다. 〈쇼미더머니〉가 연출하는 진풍경을 통해 힙합에 대한 대중의 관심이 크다는 것을 알 수 있다.

힙합의 인기를 실감하게 되는 장면은 더 있다. 2015년에는 여자 래퍼들이 대결하는 〈언프리티 랩스타〉가 만들어졌다. 이 프로그램 역시 대중의 이목을 끌며 방송되는 날마다 실시간 검색어를 꿰찼다. 2016년에는 60세 이상의 여성 연예인들이 래퍼들과 짝을 이뤄 공연을 펼치는 〈힙합의 민족〉이 제작됐다. 그동안 남자들의 거친 게임, 젊은이들의 전유물로 여겨지던 힙합이 성별과 나이의 벽을 허물고 안방 깊숙이 들어온 것이다. 이로써 마니아가 아닌 일반 시청자들도 힙합이 지닌 특유의 성격을 어렵지 않게 접할 수 있게 됐다.

2017년에는 고등학생에게만 출전의 기회를 연 〈고등래퍼〉도 방송됐다. 프로 래퍼를 꿈꾸거나 랩을 각별한 취미 활동으로 삼은 청소년이 무척 많다는 사실이 거듭 입증되는 편성이다. 이는 기본적으로 10대들 사이에서 힙합이 큰 인기를 끌고 있음을 말해 준다. 10대 힙합 마니아가 계속해서 증가하는 현실은 또 한 번 힙합 프로그램을 텔레비전 안에 자리하게 했다.

생각해 보면 힙합은 매우 오래전부터 브라운관에 들어서 있었다. 1988년에 방송된 KBS 코미디 프로그램 〈쇼! 비디오 자키〉에서 장두석과 이봉원이 진행한 코너 '시커먼스'로 많은 사람이 랩을 경험했다. 두 개그맨은 흑인처럼 분장하고 런-디엠시Run-D.M.C.의 1986년 히트곡 「You Be Illin'」에 맞춰 한국말로 랩을 했다. 당시 우리나라에서는 힙합이라는 표현이 전혀 사용되지 않았고 랩이라는 단어도 거의 쓰이지 않았다. 명칭은 생소했지만 많은 시청자가 이 코너를 통해 일찍이 빠르게 말하는 음악을 청취했다. 이후 〈웃음을 찾는 사람들〉의 '나 몰라 패밀리', 〈개그콘서트〉의 '용감한 형제들', '힙합의 신', '비트는 동화', 〈코미디빅리그〉의 '라임의 왕' 같은 코너들이 힙합과 랩을 가정으로 전달했다.

힙합은 이제 광고로도 친숙하다. 교육(에듀윌, 차이나탄), 증권(미래에셋대우), 은행(우리은행, IBK기업은행), 카드(현대카드, NH농협카드, 우체국 체크카드), 통신(LG유플러스), 샴푸(케라시스), 애플리케이션(배달통), 소화제(활명수) 등 다양한 분야에서 힙합의 형식을 취한 광고가 만들어졌다. 2014년부터 2016년까지만 살펴봐도 이렇게나 많다. 텔레비전이나 라디오에서 흐르는 광고를 통해서도 힙합을 빈번하게 만나는 시대가 됐다.

여러 광고 가운데 은행이 힙합을 홍보 수단으로 활용했다는 점은 특히 주목할 만하다. 전통적으로 은행 광고는 점잖은 분위기에 신뢰감을 주는 내용으로 꾸며져 왔다. 그렇다면 오랜 관습을 벗어나서 새로운 방식을 시도한 이유는 무엇 때문일까? 랩의 기본 형식은 말을 빠르게 전달하는 것이다. 이런 특성 덕에 랩을 이용하면 보통 노래보다 설명을 더 많이 담을 수 있게 된다. 게다가 힙합은 대체로 짧은 문장을 반복하는 훅hook에 중점을 두다 보니 대중에게 상품의 이름과 내용을 각인하기가 수월하다. 또한 힙합 특유의 리듬감이 상품이나 기업의 이미지를 생기 있게 만들어 준다. 무엇보다도 관례를 깨면서까지 힙합을 채택하는 것은 힙합이 대중화됐다는 명백한 증거다.

청소년들도 힙합을 가까이에서 경험한다. 요즘은 어느 학교에나 힙합 동아리가 하나씩은 꼭 있다. 교내에서 체육대회나 축제 같은 큰 행사가 열릴 때면 힙합 동아리가 열띤 공연을 펼치며 흥을 돋운다. 학생회장을 뽑는 선거에서 랩을 개사해 캠페인 송으로 사용하는 경우도 종종 목격된다. 어떤 교사들은 힙합 댄스나 랩 만들기를 수행평가 과제로 제시하기도 한다. 이 사실들은 힙합을 즐기는 학생이 확실히 많아졌다는 것을 직간접적으로 설명해 준다.

힙합이 청소년들에게 인기를 얻음에 따라 힙합을 전공과목으로 개설하거나 교과과정 중 하나로 편성하는 대학도 점점 늘어나는 추세다. 때문에 '힙합 입시반'을 운영하는 실용음악 학원도 심심찮게 볼 수 있다. 그런가 하면 중·고등학교에서 힙합 뮤지션을 초청해 진로와 직업에 대해 알아보는 특강을 진행하는 경우도 많아졌다. 많은 청소년이 힙합을 체계적으로 배우고 싶은 대상, 혹은 직업 후보로까지 생각하는 시대가 된 것이다.

힙합이 우리 삶에 밀착한 사례를 하나 더 살펴보자. 한 예능 프로그램, 출연자 A가 출연자 B의 과거를 끄집어내는 순간 B가 정색

요즘에는 번화가에서 힙합 댄스를 뽐내는 사람을 어렵지 않게 만날 수 있다.

하며 이렇게 말한다. "지금 저 디스 하시는 거예요?" 그러자 A는 "그냥 웃자고 하는 소리죠. 제가 B씨를 얼마나 리스펙트 하는데요"라며 유연하게 맞받아친다. 출연자들끼리 말장난을 하는 것이 다반사가 된 요즘 예능에서 숱하게 일어나는 상황 중 하나다. 이 대화에서 디스diss는 무례를 뜻하는 영단어 디스리스펙트disrespect에서 파생된 말로, 누군가를 비난하거나 폄하하는 행위를 일컫는다. 리스펙트respect는 단어 그대로 존경을 의미한다. 일반인도 자주 사용하는 이 표현들은 익히 알듯이 힙합 신scene에서 주로 쓰이는 용어다. 힙합은 이만큼이나 사람들과 친숙해졌다.

디스와 리스펙트 외에도 낯설지 않은 표현들이 더 존재한다. 스왜거swagger가 본딧말로 잔뜩 폼을 잡거나 으스대는 시늉을 묘사하는 스왜그swag, 화려하게 차려입은 모양이라든가 빛나는 장신구를 가리키는 블링블링bling-bling도 힙합 문화에서 퍼진 말이다. 요즘 연예인들이 자주 내뱉고, 패션 업계에서 수시로 사용하는 단어들로 힙합이 우리 생활에 깊게 파고들었음을 새삼 깨달을 수 있다.

이처럼 힙합은 음악 경연 프로그램, 코미디 버라이어티쇼, 토크쇼, 광고 등 대중이 일상적으로 접하는 텔레비전 방송 곳곳과 우리 생활 주변에 자리해 있다. 덕분에 힙합 골수팬이 아니더라도 채널만 몇 번 돌리면, 눈길을 조금 돌리면 매일 같이 힙합을 가볍고 편하게 마주하게 된다. 우리는 힙합과 살고 있다고 해도 과언이 아니다. 이러한 현상을 바탕으로 힙합의 다양한 양상과 그 안에 담긴 가치와 의미를 알아 가고자 한다.

힙합의
인기 비결은 무엇일까?

힙합이 브라운관에 빼곡하게 들어서고 많은 래퍼의 이름이 사람들의 입에 자주 오르내리는 모습은 힙합의 어마어마한 인기를 일러준다. 어떤 사람은 지금 같은 상황을 두고 1960년대 중반 영국 록 밴드들이 미국을 비롯한 세계 여러 나라로 대거 진출한 현상을 일컫는 '브리티시 인베이전British Invasion(영국의 침공)'에 착안해 '힙합 인베이전'이라고도 한다. 그렇다면 힙합이 이토록 인기를 끄는 비결은 무엇일까? 힙합을 더욱 폭넓게 이해하기 위해서는 이 점을 생각해 보아야 한다.

힙합은 직설적이다. 힙합 노래의 가사에는 은유와 비유가 많이 나타난다. 하지만 그러한 전달 방식을 제외하면 생각이나 입장의 직설적 표현이 주를 이루는 편이다. 남들의 시선은 의식하지 않는 듯 자기 생각을 당차게 밝히는 가사에서 청취자들은 통쾌함을 느낀다. 또한 욕설이나 거친 언어를 서슴없이 내뱉는 경우도 제법 많다. 여기에서 듣는 이들은 억눌린 감정을 대신 터뜨려 주는 듯한 느낌을 받는다.

힙합에서는 자신의 기량이 남들보다 훨씬 뛰어나다고 거들먹거리거나 부와 명성을 자랑하는 가사를 쉽게 볼 수 있다. 사실 누군가는 이 같은 노랫말을 불편하게 받아들이거나 때로는 재수 없다고 생각하기도 할 것이다. 하지만 많은 노래에서 드러나는 이러한 면모는 지금보다 더 나은 상태를 갈망하는 이에게 열정을 품게 하는 자극이 된다. 여기에 더해 현재의 처지를 아쉬워하는 사람에게는 대리 만족을 제공하기도 한다.

넓은 공감대를 갖는 가사도 힙합이 많은 사람의 관심을 유도하는 데 큰 역할을 한다. 대부분 대중음악은 이성과의 운명적인 만남, 데이트, 이별, 짝사랑 등의 연애담을 주된 소재로 삼는다. 하지만 힙합은 사랑만을 얘기하지 않는다. 일상생활의 작은 기록, 지금껏 살아온 인생 전반에 대한 추억, 래퍼가 관심을 기울이는 세상의 모습 등 제재가 다양하게 펼쳐진다. 이로써 힙합은 청취자가 공감하는 범위를 넓힌다. 나의 생활과 경험이 어떤 래퍼의 노래와 비슷한 부분이 있을 때 듣는 이는 그 얘기에 경청하고 비로소 힙합의 멋에 빠져들게 된다.

소리의 높낮이나 강약이 비슷한 글자를 뜻하는 라임rhyme 역시 인기의 원인 중 하나로 꼽을 수 있다. 힙합에서는 문장의 첫머리나 중간, 끝 부분에 규칙적으로 같은 운을 두는 방식이 강조된다. 라임은 노래의 성패와 생명력을 좌우할 정도로 힙합에서 무척 중요시된다. 이것이 세련되게 이뤄지면 래핑rapping은 한층 재미있고 근사하게 들린다. 재치 있는 라임 맞추기가 힙합을 흥미롭게 느껴지도록 만든다.

라임과 비슷한 맥락에서 재기 발랄한 언어유희도 힙합 특유의 매력이라고 할 수 있을 듯하다. "네 정신 상태는 포장마차 싸움꾼 **병 들었어**"(에픽하이 「Eight by Eight」), "넌 요즘 권투계랑 똑같아 **알 리 없지**"(스윙스 「불도저」), "권태로 꽉 찬 맘 유모차처럼 **애만 태워**"(뉴올 「쉬어갈래」), "성취감 결핍은 내 피부처럼 사라질 **기미**가 보이지 않네"(지코 「Tough Cookie」) 같은 가사처럼 힙합에서는 동음이의어를 써서 강조점을 만드는 말장난이 흔하다. 이처럼 힙합은 다른 대중음악 장르에는 없는 표현법으로 독특함을 뽐낸다. 래퍼의 개성과 감각이 전해지는 독자적이고도 유머러스한 묘사를 앞세워 힙합은 계속해서 청취자들의 관심을 유도한다.

역동적이며 경쾌한 음악 양식도 힙합을 인기 장르로 만드는 데 한몫했다. 힙합은 묵직한 드럼 사운드를 기반에 두고 4분의 4박자 진행을 나타내는 것이 기본 특징이다. 이 뼈대에다 다른 악기 연주를 입혀 때로는 괄괄함을, 때로는 은은한 흥을 표출한다. 최근에는 전자음이 들어가는 것이 유행이라서 전과 비교해 더 날카롭고 거센 곡이 많다. 빠른 래핑과 큰 소리로 외치는 훅은 노래의 에너지를 더욱 높인다. 활기차고 흥겨운 기운이 다수의 보편적 기호에 부합하면서 큰 사랑을 받는 것이다.

무대에서 펼치는 래퍼들의 열정적인 퍼포먼스는 힙합을 관객과 함께 즐기는 문화가 되도록 했다. 래퍼들은 공연할 때 "손 머리 위로!" "소리 질러!" 같은 추임새를 어김없이 날린다. 이러한 말은 장내의 분위기를 달구는 동시에 관객의 호응을 이끈다. 관객은 래퍼들의 주문에 따라 손을 머리 위로 흔들고 환호를 지름으로써 래퍼들과 마찬가지로 힘을 쏟아 낸다. 이 행동을 통해 관객은 무대를 보는 것에 머물지 않고 래퍼들과 호흡하며 공연을 함께 누리고 있다는 느낌을 받게 된다. 뮤지션과 관객 간의 긴밀한 상호작용 덕분에 힙합은 참여형 문화로 자리매김했다.

몇몇 힙합은 춤을 통해서도 대중의 성원을 이끌어 낸다. 2007년 솔자 보이 텔 엄Soulja Boy Tell 'Em이 데뷔곡 「Crank That (Soulja Boy)」

간단한 동작으로 큰 인기를 끈 댑 댄스.

을 발표했을 때 자기의 이름을 딴 솔자 보이 춤으로 순식간에 스타가 됐다. 위 아 툰즈We Are Toonz는 2013년 「Drop That #NaeNae」를 출시했을 때 내내 댄스로, 미고스Migos는 2015년 「Look at My Dab」을 냈을 때 댑 댄스로 큰 인기를 얻었다. 이들 춤은 한번 따라 해 보고 싶을 정도로 쉽고 재미있다. 이렇듯 일부 노래가 내세우는 간단한 동작의 안무 또한 누구나 힙합에 참여할 수 있게끔 한다. 2012년 싸이의 「강남 스타일」이 말 춤으로 전 세계를 홀린 것처럼, 힙합도 단순하고 익살스러운 춤으로 많은 대중을 힙합의 세계로 끌어당기고 있다.

　최근에는 〈쇼미더머니〉를 비롯한 힙합 오디션 프로그램들이 연일 화제가 되며 힙합에 대한 관심을 높였다. 그렇다면 이런 프로그램들은 왜 이렇게 인기를 끄는 것일까?

　흥행의 근본 배경으로는 앞서 언급한 힙합의 매력들이 자리한다. 이와 더불어 평상시에는 텔레비전에서 쉽게 볼 수 없는 언더그라운드 래퍼가 대거 참가해 힙합 마니아들의 이목을 사로잡는다. 다른 출연자들에 비해 상대적으로 인지도가 높은 아이돌 그룹의 멤버들도 이따금 출전해 더 많은 음악팬의 호기심을 돋운다.

　시청자들은 본인이 평소에 좋아하던 참가자를 응원하면서 자연스레 프로그램에 몰입하게 된다. 방송 뒤에는 뉴스 댓글난이나 인터넷 커뮤니티, SNS 등에 감상평을 남기며 프로그램에 대한 의견을 적극적으로 생산한다. 기존 시청자들의 활발한 반응은 프로그램이 또 다른 대중을 시청자로 확보하는 데에 지대한 역할을 한다.

　시청자들은 래퍼들이 프로그램 안에서 벌이는 생존 경쟁을 보고 짜릿함을 느낀다. 매회 누군가는 반드시 탈락하는 토너먼트 방식은 흥미를 자극하는 기본적인 요건이다. 좋은 평가, 높은 점수를 받으려는 과정에서 몇몇 출연자는 서로 갈등을 빚기도 한다. 이것 또한 구경거리가 되어 재미를 충족시킨다.

하지만 볼거리에 치중한 기획은 다소 아쉽다. 이러한 프로그램들은 예능이라는 특성 탓에 즐거움을 극대화하는 연출에 초점을 맞추곤 한다. 이 과정에서 힙합은 경쟁의 종목으로만 소비되기 일쑤다. 그러다 보니 힙합을 소재로 한 프로그램이 여럿 생겨났음에도 방송을 통해 힙합의 다양한 면을 알아 갈 기회는 여전히 부족한 상황이다. 힙합이 지닌 갖가지 콘텐츠를 폭넓게 아우르는 작업이 필요해 보인다.

랩이 힙합의
전부는 아냐

우리가 마주하는 힙합은 래퍼들의 활약에만 국한되지 않는다. 디제이들이 턴테이블과 레코드판을 이용해 반주를 만들고 색다른 소리를 들려주는 디제잉DJing도 힙합에 포함된다. 화려한 회전 기술과 중력을 거스르는 듯한 멈춤 동작으로 탄성을 자아내는 비보잉B-boying, 번화가의 골목에 가면 하나씩은 있는 그라피티graffiti도 힙합의 성분에 해당한다. 힙합은 음악 외에 무용과 그림 등의 여러 예술 양식을 지님으로써 커다란 풍경을 완성한다.

　힙합의 밑그림은 자메이카 출신의 디제이 쿨 허크DJ Kool Herc로부터 나왔다. 미국 뉴욕시 브롱크스로 이주해 디제이 경력을 시작한 그는 1973년 자신만의 독창적인 디제잉 스타일을 선보인다. 동일한 레코드판 두 장을 이용해 같은 노래에서 반주만 나오는 일명 브

디제이는 턴테이블을 이용해 색다른 소리를 들려준다.

레이크 구간을 이어 트는 방식이었다.

클럽 안의 사람들은 일반적인 노래를 틀 때보다 이 부분에서 더 적극적으로 반응했다. 춤을 좀 춘다는 사람은 브레이크 구간이 나올 때 현란한 기술을 시도하는 등 한층 격렬하게 춤을 췄다. 브레이크 구간에 맞춰 춤을 추는 젊은이들을 가리켜 브레이크 보이라 불렀고 이내 브레이크의 앞 글자를 따 비보이라 칭하게 됐다. 쿨 허크의 방식은 비보이들의 지지를 받으며 곧바로 다른 디제이들 사이에서도 유행하게 됐다.

엠시의 등장으로 공연장 안의 분위기는 한층 뜨겁게 달아오르게 됐다.

　　디제이들은 브레이크 구간을 틀 때 흥을 돋우기 위해서 "비트에 맞춰서!To the beat y'all!", "춤을 멈추지 마!And you don't stop!" 같은 짤막한 구호를 외치기 시작했다. 하지만 노래들을 쉼 없이 연결해 틀면서 마이크까지 잡고 말을 하기란 그리 쉽지 않았다. 디제이들은 선곡과 노래 트는 일에 집중하고자 친구를 옆에 불러 구호를 외치게 했다. 이것이 행사의 진행자를 가리키는 말이자 래퍼의 다른 호칭인 엠시의 첫 등장이다. 따라서 엠시가 말을 내뱉는 것을 엠시잉MCing이라고 한다. 엠시의 출현, 이를 통한 디제이와의 협업은 요즘 가

요계에서도 흔히 접하는 피처링featuring의 시작이나 다름없었다.

엠시들은 구호를 인상적으로 전달하기 위해 문장의 운을 맞췄다. 더불어 문장의 양도 조금씩 늘려 갔다. 이것이 래핑이 현재와 같은 모양을 갖춘 발단이다. 클럽 안의 사람들은 엠시의 미끈한 라임 연출이 깃든 공연에 흥미를 느꼈고 엠시들은 디제이 못지않게 많은 인기를 얻었다.

1980년에는 엠시들이 클럽을 벗어나 주류 음악 시장으로 진출하는 일대의 사건이 일어난다. 3인조 힙합 그룹 슈거힐 갱The Sugarhill Gang이 1979년에 발표한 「Rapper's Delight」가 이듬해 1월 빌보드 싱글 차트[1] 36위까지 오르며 히트한 것이다. 노래를 하지 않고 말을 빠르게 뱉기만 하는 방식을 대중과 음악 관계자들이 신기하고 흥미롭게 여긴 결과다. 슈거힐 갱의 성공으로 랩 음악은 이제 더 많은 이의 눈에 포착될 수 있었다. 이 순간을 기점으로 랩 음악은 디제이와 엠시가 함께 만드는 라이브 무대를 넘어 음반이라는 매체에 기록된 예술로 발전하는 새로운 국면을 맞이했다.

슈거힐 갱의 노래로 힙합이라는 명칭도 널리 알려지게 된다. 이 용어는 힙합 그룹 그랜드마스터 플래시 앤드 더 퓨리어스 파이브

1 1894년 창간된 미국의 음악 잡지 《빌보드Billboard》가 1950년대 후반부터 발표한 대중 음악 인기 순위 차트.

Grandmaster Flash and the Furious Five의 키스 카우보이 위긴스Keith Cowboy Wiggins가 만든 것으로 알려져 있다. 1970년대 후반 그가 입대한 친구를 놀릴 목적으로 "Hip! Hop! Hip! Hop!"이라고 말하며 군인들이 행군할 때 나는 걸음 소리를 흉내 낸 것이 용어의 기원으로 여겨진다. 키스 카우보이 위긴스가 이를 공연에서도 사용하면서 다른 엠시들에게 퍼졌고 슈거힐 갱이 「Rapper's Delight」에서 "I said a hip hop, the hippie, the hippie, to the hip, hip hop, and you don't stop"이라는 가사를 쓰며 힙합이라는 이름이 통용, 정착되기에 이르렀다.

어린 비보이들도 힙합 문화를 클럽 바깥으로 끌어내는 데 일조했다. 많은 사람이 화려한 비보잉 기술에 매료됐지만 클럽 출입이 허용되지 않는 10대들은 자기들끼리 팀을 만들어 거리를 무대 삼아 놀았다. 이들은 브롱크스의 동네 이곳저곳을 돌아다니며 다른 비보이 무리와 댄스 대결을 벌였다. 1970년대 중반부터 대형 휴대용 카세트 플레이어를 일컫는 붐박스가 미국에 들어오면서 비보이들의 길거리 댄스는 더 활성화됐다.

솔뮤직soul music 가수 제임스 브라운James Brown의 현란한 발놀림, 기계체조, 브라질의 전통 무술 카포에이라, 중국 무술 쿵푸 등을 조합한 비보잉이 브롱크스를 중심으로 퍼지던 시기에 반대편인 캘리포니아주에서는 펑크 스타일funk styles이라고 불리는 로킹locking, 파

힙합은 어떻게 힙하게 됐을까?

핑popping 등의 춤이 이미 큰 인기를 끌고 있었다. 이들 춤은 텔레비전 버라이어티쇼 〈솔 트레인Soul Train〉과 영화 〈와일드 스타일Wild Style〉, 〈할렘가의 아이들Beat Street〉, 〈브레이킹Breakin'〉 등을 통해 널리 확산됐다.

건물의 벽, 또는 이런저런 시설물에 스프레이 페인트를 사용해 글씨를 쓰거나 그림을 그리는 그라피티도 힙합 문화의 한 요소로 언급된다. 발단은 1960년대 중반 필라델피아시의 한 흑인 소년이 자기가 좋아하는 여자아이에게 관심을 얻기 위해 낙서한 것이었다. 단순한 장난에 불과했지만 몇몇 사람은 이러한 표현이 자신의 존재를 호소하고 어떤 메시지를 효과적으로 전달하는 방법이 될 수 있음을 인지했다. 이후 그라피티는 정치사회적인 구호를 나타내는 양식으로 쓰이기도 했고 갱단들이 자기 구역이라는 것을 알리는 용도로도 사용됐다. 물론 전문 그라피티 아티스트들에게는 개인의 예술 세계를 드러내는 창작물 그 자체였다.

그라피티는 1960년대 후반부터는 뉴욕시에도 나타나기 시작한다. 디제이와 엠시가 주최하는 야외에서의 파티는 그라피티가 그려진 곳에서 열리는 경우가 흔해 많은 이가 그라피티를 자연스럽게 힙합의 한 축으로 인식하게 됐다. 하지만 일부 그라피티 아티스트는 힙합 문화가 발생하기 이전에 그라피티가 존재했다는 점을 들

그라피티도 힙합의 요소 중 하나다.

어 그라피티는 힙합의 요소가 아니라고 주장하기도 한다. 그럼에 도 힙합 문화를 알리는 데 큰 역할을 한 〈와일드 스타일〉, 〈할렘가의 아이들〉 등에서 그라피티 작품을 영상에 담고 그라피티를 그리는 인물을 영화의 주인공 중 하나로 설정함에 따라 그라피티는 힙합의 주요 성분으로 굳어졌다.

디제잉, 비보잉, 엠시잉, 그라피티를 두고 힙합의 4대 요소라고 한다. 여기에 더해 입으로 리듬을 만드는 비트박싱beatboxing도 언젠가부터 힙합을 이루는 성분에 포함되고 있다. 비트박싱은 래퍼 더

그 이 프레시Doug E. Fresh가 1984년에 발표한 「Just Having Fun (Do the Beatbox)」를 통해 대중에게 대대적으로 알려졌다. 영국 록 밴드 핑크 플로이드Pink Floyd가 1967년에 출시한 「Pow R. Toc H.」나 폴 매카트니Paul McCartney가 1970년에 낸 「That Would Be Something」 같은 노래에도 입으로 드럼 소리를 내는 보컬 기술이 쓰였다. 하지만 록 음악에 나타난 사례보다 전문 엠시나 아마추어 엠시들이 디제이가 없는 장소에서 랩을 할 때 비트박싱으로 반주를 대신하는 경우가 월등히 많았다. 이러한 이유로 비트박싱 역시 힙합과 밀접한 조건으로 뿌리내렸다.

생각해 볼 거리

힙합이 내 생활에 어떤 변화를 가져왔을까?

예술 작품은 생각이나 행동이 달라지는 데에 영향을 미치곤 한다. 힙합도 마찬가지다. 어떤 래퍼는 원래 소심한 성격이었지만 힙합을 접한 뒤로 매사에 자신감이 생겼다고 한다. 또 누구는 힙합의 매력에 빠져 그동안 꿈꿔 왔던 직업 대신 뮤지션의 길을 선택하게 됐다고도 한다. 이처럼 힙합을 통해 삶에 크고 작은 변화를 맞이하는 사람이 제법 된다.

혹시 나한테도 어떤 변화가 찾아오지는 않았는지 한번 돌이켜 보자. 힙합 음악을 들을 때면 래퍼가 된 것처럼 나도 모르게 으쓱거리는 기분이 든다는 이도 있을 듯하다. 힙합 스타일로 옷을 입거나 자신이 좋아하는 래퍼들의 패션을 따라 해 본 사람도 많지 않을까 싶다.

이처럼 힙합이 내 생활에 어떤 새로운 모습을 몰고 왔는지, 힙합이 나에게 어떤 의미를 지니는지 생각해 본다면 힙합이 한층 색다르게 느껴질 것이다. 또한 앞으로 알아 갈 힙합의 다양한 양상과 의미를 능동적으로, 이성적으로 받아들이는 데에 큰 도움이 될 것이다.

2장

힙합,
사회에 맞서다

즐기는 음악에서
저항의 음악으로

어떤 사람은 힙합을 천대받고 억압당하며 살아온 흑인들이 그들만의 방식으로 분노를 표출한 것이라고 말한다. 가난과 인종차별에 시달리는 자들의 울분을 담은 언어이며, 사회적 약자라는 이유로 겪어야만 했던 처참한 삶을 불평한 수단이라고 얘기한다. 1990년대 초반 현진영, 서태지와 아이들, 듀스 같은 가수들에 의해 랩과 힙합이 우리나라에 유행하기 시작할 때 다수의 신문과 방송 기사가 힙합을 이런 식으로 소개했다. 이 때문에 '힙합=저항'이라는 규정이 일반화됐다.

힙합이 저항의 음악이라는 정의가 완전히 옳다고는 볼 수 없다. 앞서 살펴봤듯이 힙합은 클럽에서 탄생했다. 클럽은 결코 엄숙한 공간이 아니다. 사람들이 여가와 유흥을 즐기기 위해 찾는 장소다.

격분을 드러내는 일과는 원천적으로 거리가 멀다. 게다가 디제이가 자기만의 테크닉을 개발하는 과정에서 클럽 청중의 흥을 돋운 것이 힙합의 발단이다. 따라서 힙합이 저항이라는 정의는 옳지 않다. 힙합은 기본적으로 유희의 음악이다.

힙합 최초의 히트곡인 슈거힐 갱의 「Rapper's Delight」를 비롯해 펑키 포 플러스 원Funky 4+1의 「That's The Joint」, 트리처러스 스리Treacherous Three의 「Body Rock」, 피어리스 포The Fearless Four의 「Rockin' It」 등 힙합이 태동하던 무렵에 나온 대다수 노래가 파티를 예찬했다.

신나게 놀자는 내용의 노래는 이후에도 계속해서 출시됐다. 1990년대에는 엠시 해머MC Hammer의 「U Can't Touch This」, 스눕 도그Snoop Dogg의 「Gin and Juice」, 2000년대에는 피프티 센트50 Cent의 「Disco Inferno」, 미시 엘리엇Missy Elliott의 「Lose Control」, 2010년대 들어서는 파 이스트 무브먼트Far East Movement의 「Like a G6」, 페티 왑Fetty Wap의 「679」 등이 유흥을 주제로 택했다. 여기 예로 든 노래는 빙산의 일각일 뿐이다. 다른 히트곡들까지 일일이 열거하자면 한도 끝도 없다. 힙합의 발단부터 자리한 파티와 놀이의 코드는 지금까지도 충실히 이어져 오고 있다.

그렇다고 해서 모든 힙합이 밤낮으로 내내 놀이만 부르짖는 것은 아니다. 어떤 래퍼들은 사회의 중요한 현안이나 불합리한 사건

등을 가사로 표현하기도 한다. 이런 모습을 두고 사람들은 힙합에 저항성이 깃들어 있다고 얘기한다. 힙합은 때때로 진지하고 엄중한 모습을 나타낸다.

힙합이 준엄함을 갖추게 된 데에는 흑인들의 참혹한 역사와 피폐한 생활이 배경으로 자리한다. 1619년 20여 명의 아프리카 흑인을 실은 네덜란드의 배가 버지니아주 제임스타운에 들어오면서 미국의 흑인 노예제도가 시작됐다. 이후 1700년까지 2만 명이 넘는 흑인이 팔려 왔고, 1701년부터 1760년까지는 18만 명 이상이 수입됐다. 노예 수입을 법으로 금한 1807년까지 약 150만 명의 흑인이 미국에 노예로 들어왔다.

어마어마한 숫자다. 하지만 배에는 그보다 훨씬 많은 인원이 타고 있었다. 노예상들은 많은 수익을 올리기 위해 흑인들을 닥치는 대로 배에 실었다. 좁은 배에 짐짝처럼 실린 흑인들은 식사도 제대로 제공받지 못했다. 아프리카를 떠나 미국으로 들어오기 전까지 수많은 흑인이 굶주림과 질병으로 배 안에서 목숨을 잃고 대서양에 버려졌다. 내 가족, 내 동포가 죽는 모습을 옆에서 지켜봐야만 했던 사람들은 얼마

미시피시주에서 목화솜을 따고 있는 흑인.

나 마음이 아팠을까? 흑인들에게는 미국으로 건너오는 것 자체가
공포와 울분의 연속이었을 것이다.

미국에 들어온 흑인들은 텍사스주, 루이지애나주, 미시시피주에
이르는 남부의 농가로 팔렸다. 남부에 농업이 번성해 있고 농사일
은 기본적으로 많은 일손을 필요로 하는 까닭이다.

이전까지 남부 농가들은 주로 담배를 재배했지만 19세기 초 양
털 대신에 면으로 옷을 만드는 의복 혁명이 일어나면서 대부분 농
가가 목화 농사로 개편했다. 마침 이 시기 목화솜에서 씨를 빼는
기계인 조면기가 널리 보급되면서 면섬유를 뽑아내는 작업이 전에

비해 한층 수월해진다. 이로써 남부는 미국 내 다른 지역이나 타국에 면을 공급하는 중심지가 됐다.

농장주들은 목화솜 생산 속도를 높이기 위해 폭력을 서슴지 않았다. 1863년 루이지애나주의 농장에서 탈출한 고든Gordon이라는 노예의 모습은 당시 백인 농장주들이 노예들을 얼마나 가혹하게 대했는지 알려 준다. 수차례 채찍질을 당해 살이 흉하게 부풀어 오른 그의 등이 찍힌 사진은 박해당한 흑인 노예들의 상징이 됐다. 2008년 나스Nas는 흉터로 뒤덮인 등을 찍은 사진을 『Untitled』 앨범 커버로 씀으로써 노예로 산 조상들이 겪었을 아픔을 곱씹었다.

고된 노동과 모진 핍박을 견딜 수 없었던 몇몇은 고든처럼 탈출을 감행했다. 하지만 도망치다 잡히면 가차 없이 죽임을 당하거나 무자비하게 두들겨 맞았다. 이런 광경을 목격한 다른 흑인들은 겁에 질려 달아날 엄두조차 내지 못했다. 흑인들에게 최선의 선택이란 노예 생활을 운명으로 받아들이고 시키는 대로 일을 하는 것이었다.

1865년 남북전쟁[1]에서 북군이 승리하면서 노예제도가 폐지됐

1 1861년부터 1865년까지 미국의 남부와 북부가 벌인 내전. 농업이 발달한 남부는 노예제도를 유지하기를 원했지만 상공업이 발달한 북부는 노예제도를 폐지해야 한다는 입장을 취했다. 이 때문에 두 지역 간의 감정이 격화되며 전쟁이 발발하게 된다.

지만 흑인들은 온전히 자유를 누릴 수 없었다. 남북전쟁이 끝난 해에 남군 출신 군인들에 의해 백인 우월주의 집단 큐클럭스클랜Ku Klux Klan, KKK이 결성된 탓이다. 큐클럭스클랜은 흑인들을 무차별적으로 폭행하고 흑인 해방에 찬성하는 백인들에게도 보복을 가했다. 200년이 넘는 기나긴 세월 끝에 백인 농장주에 속박되지 않는 상태를 맞이했으나 불안감을 맞닥뜨리는 삶은 안타깝게도 계속 이어졌다.

이러한 슬픈 역사 탓에 일부 래퍼는 흑인들의 민족성을 고양하는 가사를 쓰곤 한다. 쓰라린 기억을 안고 살아야 하지만 힘들었던 지난날을 극복하겠다는 의지를 드러내는 것이다. 자존감을 높이고 민족이 단결해야만 예전처럼 억압당하지 않고 번영을 이어 나갈 수 있기 때문이다. 또는 평등을 화두로 꺼내며 노예로 지냈던 과거를 상기하기도 한다.

2011년에 데뷔해 단 몇 년 만에 최고의 힙합 뮤지션 반열에 오른 켄드릭 라마Kendrick Lamar는 2011년에 선보인 「HiiiPoWeR」에서 비록 오랫동안 쓰러져 있었지만 흑인들은 강한 존재라면서 지배 체제와 싸울 것을 선언한다. 2015년 앨범『To Pimp a Butterfly』중 「The Blacker the Berry」에서는 누군가는 흑인들의 문화를 말살하려고 하지만 본인은 흑인으로서 자부심이 있다며 탄압에 강인하게 맞서겠다는 의지를 드러낸다. 같은 앨범에 수록된 「Momma」로는 가

상의 소년을 등장시킨 뒤 조상들의 모습을 돌아보라는 소년의 말을 통해 민족의 뿌리를 잊지 말라는 메시지를 전달한다. 켄드릭 라마는 이처럼 의식 있는 가사를 씀으로써 발표하는 앨범마다 평단의 찬사를 이끌어 냈다.

Every day we fight the system just to make our way.

매일 우리는 시스템과 싸우면서 나아가지.

We been down for too long, but that's alright.

오랫동안 쓰러져 있었지만, 그래도 괜찮아.

We was built to be strong, cause it's our life, na-na-na.

우리는 강하게 태어났어, 왜냐하면 그것이 우리의 삶이니까.

— 켄드릭 라마 「HiiiPoWeR」 중

1993년에 열린 그래미 어워드Grammy Awards[2]에서 최우수 랩 퍼포먼스 듀오/그룹 부문을 수상한 어레스티드 디벨로프먼트Arrested Development의 「Tennessee」는 노예로 지내며 고통스럽게 살았던 선조들을 언

2 미국 음악계 종사자들의 조직 전미 레코드 예술 과학 아카데미The National Academy of Recording Arts and Sciences가 1959년부터 매년 우수한 노래, 음반, 뮤지션 등을 선정해 수여하는 상.

급하면서 민족의식의 자각을 요구한다. 2002년 나스는 「I Can」에서 흑인들은 미국으로 건너오기 전 아프리카에서 왕과 여왕으로 지냈으며, 과거에 흑인 선생들이 그리스어와 로마어를 가르쳤다는 노랫말로 흑인들이 위엄 있고 머리 좋은 동족임을 강력히 주장한다. 엑스 클랜x Clan의 2007년 노래 「Weapon X」는 흑인 위인들을 열거하면서 이런 사람들이 흑인으로서 자랑스러운 길을 걸어왔으니 후손들은 자신을 별에서 태어난 것처럼 고귀하게 생각하라는 말을 건넨다. 이처럼 다수의 래퍼가 노래로 민족성 고취 운동을 벌이고 있다.

Frederick Douglass, Wheatley, Carver.
프레더릭 더글러스[3], 휘틀리[4], 카버[5].

Clayton Junior, David Walker.
클레이턴 주니어[6], 데이비드 워커[7].

3 노예제도 폐지론자. 1847년부터 1851년까지 노예제도 반대를 주장한 신문 《북극성The North Star》을 발행한 업적으로 유명하다.
4 미국 최초의 흑인 여성 시인 필리스 휘틀리Phillis Wheatley를 가리킨다. 주로 기독교를 주제로 한 시를 썼지만 인종차별 문제를 다루기도 했다.
5 흑인 농학자 조지 워싱턴 카버George Washington Carver를 가리킨다. 농촌 흑인들의 자립을 위해 평생을 농작물 개량과 농업 교육에 매진했다.
6 흑인 혼혈 목사이자 정치인인 애덤 클레이턴 파월 주니어Adam Clayton Powell Jr.를 가리킨다. 뉴욕주 하원의원으로 재직하며 인종차별 및 분리 정책 철폐를 위해 힘썼다.

Sonny Carson to H. Rap Brown.

소니 카슨[8]과 에이치 랩 브라운[9]까지.

Ancestry that walked the black proud

자랑스러운 흑인의 길을 걸어온 혈통.

Think! As if you were born in the stars.

생각해! 네가 별에서 태어난 듯이.

Enrolled in the army of Abdul-Jabbars.

압둘자바[10]의 군인이 된 것처럼 행동해.

Think! As if you were born as a god.

생각해! 네가 신으로 태어난 것처럼.

– 엑스 클랜 「Weapon X」 중

7 노예제도 폐지론자. 1829년 흑인들에게 억압에 맞서 싸울 것을 요청하는 내용의 소책
   자 『워커의 호소Walker's Appeal』를 발행한 것으로 유명하다.

8 흑인 인권 운동가 로버트 "소니" 카슨Robert "Sonny" Carson을 가리킨다. 엑스 클랜의 멤
   버 프로페서 엑스Professor X의 아버지이기도 하다.

9 흑인 민권 운동가. 급진적이고 전투적인 권리 쟁취 운동을 지향했다.

10 이슬람교 남성들이 쓰는 종교적 이름 중 하나. '전능한 이al-Jabbar'의 '종Abdul'이라는
   뜻이다. 엑스 클랜 멤버들이 이슬람교도라서 이런 가사가 나왔다.

차별과 억압에
맞서 싸워 온 흑인들

최근까지도 래퍼들이 이런 내용의 노래를 내는 것은 흑인들이 겪은 기나긴 설움의 세월에 비례한다. 1875년 공공시설, 대중교통 이용 보장과 재판에서의 배제 금지 등 흑인들에 대한 동등한 대우를 골자로 하는 시민권법The Civil Rights Act of 1875이 제정돼 차별 없는 세상이 도래하는 듯했다. 그러나 1883년 연방 대법원이 헌법 불합치 판결을 내리면서 한 줄기 빛과 같았던 민권법은 허무하게 폐기되고 만다. 이와 더불어 1876년부터 남부 대부분 주가 공공시설에서 백인과 유색인종을 분리하는 짐 크로 법Jim Crow laws[11]을 시행했다. 이 법은 1965년에 이르러서야 폐지된다. 흑인들에 대한 차별은 좀처럼 끝날 줄 몰랐다.

노예제도를 유지하려는 백인 기득권은 흑인들의 권익이 늘어나는 것을 어떻게든 막으려 했다. 남부의 여러 주는 19세기 후반부터 선거 때 약 1.5달러에서 2달러에 달하는 세금을 내야 투표할 자격이 생기는 인두세 제도를 시행했다. 흑인들은 노예로 지냈기에 세금을 낼 경제적 여력이 거의 없었다. 이는 흑인들이 참정권을 행사하지 못하도록 원천적으로 봉쇄하려는 꼼수였다.

비슷한 시기에 역시 남부 대부분 주에서 실시된 조부 조항도 목적이 같다. 이 규정은 투표권이 있었던 사람의 후손에게만 투표할 자격이 주어진다는 것을 요지로 한다. 노예로 끌려온 흑인들에게 투표권이 있을 리가 없었다. 이 조항에 따라 흑인 자손들도 투표권을 얻지 못했다. 애초에 흑인들을 정치에서 배제하려는 악법이었다.

남부는 또한 흑인들의 투표 참여를 제한할 의도로 글을 읽고 쓰는 능력을 측정해 일정 기준을 넘어서는 사람에게만 투표권을 주는 문맹 시험을 실시했다. 글을 읽고 쓸 줄 아는 흑인은 많지 않았기에 대부분 시험을 치를 엄두도 내지 못했다. 설령 글을 읽고 쓸 수 있다고 해도 유권자라면 사회와 정치, 법에 대해 어느 정도의 지식은 갖추고 있어야 한다는 것을 명분으로 내세워 흑인들에게는 어려

11 남북전쟁 후 이뤄진 노예제도 폐지를 무효화하기 위해 도입한 인종차별 정책. 백인이 얼굴을 검게 칠하고 흑인을 희화화한 뮤지컬 민스트럴쇼minstrel show에 쓰인 노래 「Jump Jim Crow」에서 이름이 유래했다.

흑인 교육에 힘쓴 부커 워싱턴.

울 법한 문제를 출제했다. 하지만 백인에게
는 구두시험으로 조건을 바꾸는 특혜를 베풀
었다. 게다가 대다수 백인은 조부 조항 덕분
에 시험을 치르지 않아도 자동적으로 투표권
을 획득할 수 있었다. 백인들과 달리 흑인들
은 국민으로서의 권리를 철저히 박탈당한 채
살았다.

계속되는 차별 속에서 어떤 이는 현실에
적응하고 처지에 맞는 대책을 강구하는 것을
최선으로 생각하기도 했다. 그 대표적인 인
물이 부커 워싱턴Booker T. Washington이다. 노예의 아들로 태어난 그는
사회에서 살아가려면 기술이 절실하다고 판단해 농업 전문학교인
햄프턴대학교에 진학한다. 그는 흑인들이 각 분야에서 가치 있는
역할을 수행한다면 자연스럽게 지위가 향상될 것이라 믿고 1881년
흑인들을 위한 전문학교 터스키기대학교를 설립했다.

흑인들의 교육에 헌신한 부커 워싱턴은 흑인 사회의 지도자 같은
존재로 떠오르게 된다. 하지만 그는 정치사회적 자립보다 경제적
안정을 더 중시했다. 흑백 분리 정책에 순응하는 듯한 태도 때문에
부커 워싱턴은 흑인 민족주의자들로부터 비판을 받기도 했다.

흑인 최초로 하버드대학교에서 박사 학위를 받은 듀보이스W. E.

B. Du Bois는 부커 워싱턴의 온건주의적 입장과 방향을 달리했다. 그는 흑인들이 인간으로서 존엄성을 획득하는 것이 무엇보다 중요하다고 여겼다. 이 목표를 이루기 위해서는 일단 법이 바뀌어야 한다면서 법 개정을 요구하는 투쟁을 적극적으로 벌일 것을 주장했다.

1905년 듀보이스는 동료 인권운동가들과 나이아가라폭포에서 인종에 따른 분리와 차별 금지, 투표권 보장, 경제활동에서의 평등한 기회 보장 등을 요구하는 선언문을 발표했다. 그는 이 모임을 계기로 1909년 전미 유

전미 유색인종 지위 향상 협회에서 발간한 월간지 《위기》 창간호.

색인종 지위 향상 협회The National Association for the Advancement of Colored People를 창설한다. 이 단체는 이듬해부터 월간지 《위기The Crisis》를 발행해 그들의 투쟁 활동을 알리는 동시에 흑인들의 문학과 문화를 전파했다. 흑인들의 정체성 확립, 자긍심 고양을 목적에 둔 운동이었다.

흑인들의 또 다른 고통,
KKK

전미 유색인종 지위 향상 협회를 비롯해 여러 흑인 인권 운동가들이 흑인들의 지위 향상을 위해 애썼지만 변화는 쉽게 이뤄지지 않았다. 1915년에 개봉한 무성영화 〈국가의 탄생The Birth of a Nation〉은 미국 사회가 여전히 백인 우월주의와 그들 중심의 국가주의에 사로잡혀 있음을 인지하게 해 줬다.

〈국가의 탄생〉은 1905년에 출간된 소설 《종친: 큐클럭스클랜의 역사적 로맨스The Clansman: A Historical Romance of the Ku Klux Klan》를 바탕으로 만들어졌다. 소설 제목으로 짐작할 수 있듯 영화 역시 백인 우월주의 단체인 큐클럭스클랜을 미화했다. 영화는 흑인을 범죄나 저지르는 사회의 해로운 존재로 묘사하면서 흑인을 향한 백인의 폭력을 정당화했다. 〈국가의 탄생〉은 흑인들에 대한 반감을 확산하는 데 큰 역할을 했다.

이런 사실 때문에 몇몇 흑인 래퍼는 노래에서 큐클럭스클랜을 언급하기도 한다. 그들에게 고통 받은 역사를 잊지 말자는 뜻에서다. 퍼블릭 에너미Public Enemy는 1991년에 발표한 「Rebirth」에서 백인 우월주의자들이 번듯한 양복을 입고 다닌다면서 그들이 나라의 중요한 직책을 맡고 있는 현실에 경계심을 품는다.

These days you can't see who's in cahoots.
오늘날 당신은 누가 음모를 꾸미는지 알 수 없지.
Cause now the KKK wears three-piece suits.
왜냐하면 이제 KKK는 스리피스 양복을 입고 다니니까.

– 퍼블릭 에너미 「Rebirth」 중

흑인을 사회의 해로운 존재로 묘사한 영화 〈국가의 탄생〉 포스터.

이 노래에 등장하는 양복쟁이는 당시 미국 상원의원이었던 로버트 버드Robert Byrd를 가리킨다. 1953년 하원의원으로 의정 활동을 시작한 그는 1959년부터 2010년 사망할 때까지 51년 동안 상원의원으로 지냈을 만큼 정치적 명망이 높았다. 하지만 1940년부터 웨스트버지니아주에서 큐클럭스 클랜으로 활동했으며, 1964년에는 민권법 통과를 반대하며 14시간 13분 동안 필리버스터[12] 연설을 하기도 했다. 이 때문에 흑인들에게는 결코 좋게 보일 수 없는 인물이었다. 뒤늦게 깨달은 것인지 후에 로버트 버드는 KKK에 가입한 것은 일생일대의 실수였다면서 과거 활동에 대해 사죄했다. 2008년 대선 때에는 버락 오바마Barack Obama를 지지하기도 했다.

부시윅 빌Bushwick Bill도 1992년에 발표한 「Letter from KKK」에서 큐클럭스클랜이 저지른 악랄한 행위를 되새겼다. 그러면서 흑인들이 서로 힘을 합쳐 살아 나갈 것을 당부한다. 노래는 또한 흑인들끼리 싸우고 해치는 것이 백인 우월주의자들이 바라는 일이라고 에둘러 주의를 준다.

I got a letter from the muthafuckin' Ku Klux Klan, man.
빌어먹을 큐클럭스클랜한테서 편지를 받았어.

12 국회에서 소수당이 다수당의 독주를 막기 위해 합법적인 방법을 이용해 의사 진행을 고의로 방해하는 행위. 질문 또는 의견 진술이라는 명목으로 행하는 장시간 연설이 대표적이다.

They say they wanna give us a helping hand with pulling that goddamn trigger.

그들은 방아쇠를 잡아당기며 우리에게 도움을 주고 싶다고 했지.

And killin' off 4,000 other niggers since 1975.

그리곤 1975년부터 4,000명이 넘는 흑인들을 학살했어.

- 부시윅 빌 「Letter from KKK」 중

첩 록Chubb Rock도 같은 해 출시한 「The Arrival」을 통해 흑인들을 공포에 떨게 한 큐클럭스클랜을 규탄했다. 그는 피부색이 다르다는 이유로 사람을 모독하는 일이 저급한 행동이라면서 인종주의를 꾸짖는다. 노래 안에서 백인 우월주의에 대한 비판이 차지하는 비중은 그리 크지 않다. 하지만 분노가 선명하게 느껴지는 표현으로 강한 인상을 남긴다.

Ku Klux that's for red neck fucks.

큐클럭스클랜 그건 그저 남부의 수준 낮은 백인 놈들이지.

I'm sorry cause I'm not about profanity.

딱히 모독할 생각이 없어서 미안할 따름이야.

But racism let's me lose my sanity.

하지만 인종차별은 내 이성을 잃게 만들어.

It's a sin, it's a sin that's born within.

그건 죄야, 원죄라고.

- 첩 록 「The Arrival」 중

큐클럭스클랜의 폭력 행위가 점점 심해지자 1871년 이들의 활동을 규제하는 연방법이 제정됐다. 이때 5,000명 이상이 폭력과 테러 혐의로 기소됐으며, 수백 명이 유죄를 선고받고 수감됐다. 이일 이후 표면적으로는 자취를 감췄던 큐클럭스클랜은 〈국가의 탄생〉에 고무돼 1915년 재결성된다. 그러나 영화의 파급은 그것으로 끝나지 않았다. 1871년 해체되기 전까지 큐클럭스클랜의 인원수는 50만 명이 넘었다고 전해진다. 그때도 무척 많은 숫자였지만 〈국가의 탄생〉이 개봉한 뒤 1920년에는 400만 명, 1924년에는 600만 명이상의 회원을 보유하게 됐다. 1925년 5만 명 이상의 회원이 백악관 앞을 행진하는 등 큐클럭스클랜은 2기를 조직하고 나서 더욱 당당하게 활동했다.

큐클럭스클랜의 번성과 〈국가의 탄생〉으로 암암리에 퍼진 백인 우월주의 메시지는 일부 백인이 흑인들에게 가혹한 폭력을 행사하는 데 영향을 미쳤다. 이 무렵 그저 흑인이라는 이유로 백인 무리에게 맞는 흑인이 많았다. 큐클럭스클랜에 의해 만연하게 된 이와 같은 폭력 행위는 근래 한국 사회에서도 제법 빈번하게 발생하는

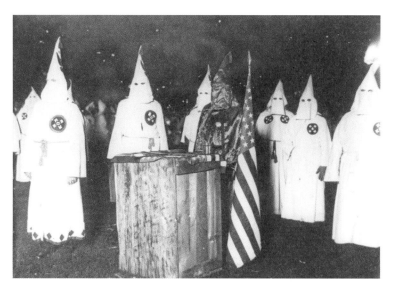

큐클럭스클랜은 흑인을 무차별적으로 폭행했다.

증오 범죄의 대표적인 예다.

　그런가 하면 범죄를 저지른 흑인을 일반인들이 처벌하는 린치 lynch[13] 행위도 잦아졌다. 흑인이 백인에게 해를 입혔다는 소식이 들리면 백인들이 우르르 달려가 그 흑인을 폭력으로 응징하는 일이 많았다. 성난 군중은 법도 신경 쓰지 않았다. 심지어 수감 중인 흑

13 공인되지 않은 집단이 죄인이나 용의자에게 법규에 맞는 절차를 거치지 않고 잔인하게
　　폭력을 가하는 일.

인을 끌어내 몰매질하는 경우도 왕왕 있었다.

죄를 범한 사람은 경중에 따라 그에 맞는 형벌을 받아야 한다. 이는 모든 사회의 이치다. 하지만 법치주의 국가에서는 아무리 강한 힘을 지녔다고 한들 개인이나 집단이 범죄자에게 함부로 형벌을 내릴 수 없다. 큐클럭스클랜의 성장은 많은 백인에게 그릇된 생각을 갖게 했다.

한 걸음 더,
희망을 향해

1954년 흑인 사회는 인권 신장의 중대한 계기를 맞이한다. 브라운 대 토피카 교육위원회 재판Brown v. Board of Education of Topeka에서 인종차별이 헌법에 어긋난다는 판결을 내린 것이다.

1951년 캔자스주 토피카시에 사는 초등학생 흑인 소녀 린다 브라운Linda Brown은 집에서 가까운 백인 학교 대신 약 1.6km 떨어진 흑인 학교에 다니고 있었다. 린다의 아버지 올리버 브라운Oliver Brown은 백인 학교에 전학을 신청했으나 피부색이 다르다는 이유로 거절당했다. 이에 올리버 브라운은 교육위원회를 상대로 소송을 제기했다. 하지만 캔자스주 지방법원은 두 학교가 동등한 시설을 갖추고 있다는 점을 이유로 들어 올리버 브라운에게 패소 판결을 내렸다.

올리버 브라운은 이에 항소했고, 결국에는 대법원으로부터 다른 판결을 듣게 된다. 1954년 대법원은 백인 학교와 흑인 학교가 대등한 시설과 교육을 제공한다고 하더라도 인종을 분리해서 운영하는 것은 헌법이 보장하는 '법에 의한 평등한 보호'에 어긋나는 일이라며 올리버 브라운의 손을 들어 줬다. 판결 이후에도 인종 통합을 실시하지 않는 학교가 여전히 존재했지만 이 사건은 인종차별 철폐로 향하는 소중한 발걸음이 됐다.

아쉽게도 이 판결은 공교육에만 적용되는 것이어서 공공장소에서의 인종 분리 정책은 유지됐다. 흑인을 거부하는 음식점이 많았으며, 출입이 허용되더라도 흑인은 따로 마련된 자리에 앉아야 했다. 화장실, 식수대도 흑인 전용과 백인 전용으로 나뉘었다.

앨라배마주도 이와 같은 인종 분리 정책을 시행하고 있었다. 앨라배마주 몽고메리시는 버스에서도 인종에 따라 좌석을 나눠 앉도록 했다. 시의 규정에 따라서 백인은 앞자리에, 흑인은 뒷자리에 앉아야 했다.

몽고메리시의 한 백화점에서 재봉사로 일하던 흑인 여성 로자 파크스Rosa Parks는 1955년 12월 1일 여느 때와 다름없이 일을 마친 뒤 집으로 가는 버스에 올라탔다. 로자 파크스는 유색인 좌석 맨 앞줄에 앉아 있었다. 얼마 후 승객이 더 타면서 두세 명의 백인 승객이 서서 가는 상황이 발생했다. 이를 확인한 운전기사는 유색인

흑인 전용 식수대에서 물을 마시고 있는 흑인.

좌석 표시를 뒤로 밀어낸 뒤 로자 파크스에게 자리를 양보하라고
명령했다. 같은 줄에 앉아 있던 다른 흑인은 일어났지만 로자 파크
스는 자기가 일어나야 할 이유가 없다면서 자리에 그대로 있었다.
결국 운전기사는 경찰을 불렀고, 로자 파크스는 흑백 분리에 관한
법률 위반으로 체포됐다.

　흑인 인권 운동가들은 이 사건이 인종 분리 제도를 철폐하고 평
등한 사회를 건설할 절호의 기회라고 생각했다. 로자 파크스의 재
판일인 12월 5일에 맞춰 버스 보이콧 운동을 계획한 인권 운동가들

은 수만 장의 전단을 돌리며 흑인들의 동참을 호소했다.

12월 5일 치러진 승차 거부 운동에 무려 5만 명이 넘는 흑인이 참여했다. 도로에는 걸어서 학교나 직장으로 향하는 흑인들로 물결을 이뤘다. 차를 소유한 흑인은 그렇지 않은 사람을 태워 줬으며, 어떤 이는 마차를 타고 다니기도 했다.

보이콧은 원래 하루로 계획됐지만 많은 이가 흑백 분리가 완전히 폐지될 때까지 해야 한다고 입을 모았다. 이 때문에 대다수 흑인이 언제 끝날지 모르는 투쟁에서 승리하기 위해 고된 몸을 이끌며 먼 거리를 걸어 다녔다. 권리 쟁취에 대한 절실함, 새로운 세상에 대한 희망, 끈끈한 동포애로 흑인들은 힘든 하루하루를 버텨 냈다.

비폭력 저항 운동을 펼친 마틴 루서 킹.

1956년 11월 13일 대법원은 버스에서의 인종에 따른 좌석 분리가 위헌이라는 판결을 내린다. 보이콧은 대법원의 시행령이 떨어진 그해 12월 20일 공식적으로 마무리됐다. 382일간의 대장정 끝에 흑인들은 또 하나의 값진 성과를 얻어 냈다.

몽고메리 버스 보이콧이 성공적으로 마무리됨에 따라 이 운동을 이끈 목사 마틴 루서 킹Martin Luther King Jr.이 큰 관심을 받으며 흑인 사회의 새로운 지도자로 떠오르게 된다. 그는 비폭력 저항을 원칙으로 삼아 정의롭고 이성적인 투쟁을 전개했다. 부당한 대우를 받는다고 해서 폭력으로 맞서면 흑인들에 대한 인식이 더 안 좋아질 것이라고 내다봤기 때문이다. 강직하지만 선하게 행동하는 방침 덕분에 킹 목사에 대한 백인들의 지지도 나날이 늘어 갔다.

I have a dream that one day this nation will rise up and live out the true meaning of its creed: "We hold these truths to be self-evident, that all men are created equal."
나에게는 꿈이 있습니다. 언젠가 이 나라가 떨쳐 일어나 "모든 사람은 평등하게 태어났음을 우리는 자명한 진리로 떠받든다"[14]는 국가의 이념을 실천할 날이 오리라는 꿈입니다.

I have a dream that one day on the red hills of Georgia, the sons of former slaves and the sons of former slave owners will be able to sit down together at the table of brotherhood.
나에게는 꿈이 있습니다. 언젠가 조지아의 붉은 언덕에서 전에 노예로 살았던 이의 후손들과 노예 주인의 후손들이 함께 식탁에 앉아 형제애

---

14 1976년 7월 4일 공표한 미국 독립선언문의 서문 중 첫 문장 일부.

를 나눌 날이 오리라는 꿈입니다.

I have a dream that one day even the state of Mississippi, a state sweltering with the heat of injustice, sweltering with the heat of oppression, will be transformed into an oasis of freedom and justice.

나에게는 꿈이 있습니다. 불의와 탄압의 열기에 시달리던 미시시피주도 언젠가 자유와 정의의 낙원으로 바뀔 날이 오리라는 꿈입니다.

I have a dream that my four little children will one day live in a nation where they will not be judged by the color of their skin but by the content of their character.

나에게는 꿈이 있습니다. 저의 네 아이가 피부색이 아닌 인격으로 평가받는 나라에서 사는 날이 언젠가는 오리라는 꿈입니다.

– 〈나에게는 꿈이 있습니다〉 연설문 일부

킹 목사가 〈나에게는 꿈이 있습니다 Have a Dream〉라는 제목의 연설을 펼친 1963년 워싱턴 대행진 March on Washington for Jobs and Freedom에는 25만 명 이상의 군중이 모였다. 계속된 법 개정 요구와 이날 집회를 통해 낸 목소리로 1964년 7월 2일 인종, 민족, 종교, 성별 등에 따른 차별을 법에 어긋나는 것으로 규정한 민권법Civil Rights Act of 1964이 제정됐다. 이듬해 8월 6일에는 투표에 인종차별을 금지하는 선거권법Voting Rights Act of 1965이 제정돼 흑인들도 아무 제약 없이 투표권을 행사할 수 있게 됐다.

노래,
인종차별에 맞서다

법은 동등한 권리를 보장했지만 현실 속 차별과 무시는 좀처럼 사그라질 줄 몰랐다. 흑인을 경멸적으로 일컫는 쿤coon이라는 단어를 서슴없이 쓰는 백인이 여전히 존재했다. 흑인은 말끔하게 정장을 차려입어도 백인 중산층이 주로 이용하는 고급 레스토랑에 가면 일단 경계의 눈초리를 받아야 했다.

애석하게도 흑인에 대한 차별은 옛일로 머물지 않았다. 백인 경찰이 흑인 용의자를 검거할 때 과도한 폭력을 행사해 논란을 빚는 일이 여전히 비일비재하다. 집을 사려고 은행에 대출을 신청할 때 수입이 같음에도 흑인이 백인보다 승인을 받지 못하는 경우가 더 많다고 조사되기도 했다. 인종차별은 '현재진행형'이라고 해도 과언이 아니다.

이와 같은 현실 때문에 힙합에서는 인종차별에 대한 불만을 털어놓는 노래가 꾸준히 나온다. 1990년 「The Humpty Dance」로 큰 인기를 얻은 힙합 그룹 디지털 언더그라운드Digital Underground는 1991년 출시한 「The DFLO Shuttle」에서 "비를 견딜 수 없어, 인종차별도, 모든 고통과 가슴 아프게 하는 것들을 참을 수 없어. 그래서 탈출을 꿈꿔I can't stand the rain, the racism, all the pain and the aching. So I'm dreaming of escaping"라는 가사로 인종차별이 심각함을 토로한다.

부시윅 빌이 속한 힙합 그룹 게토 보이즈Geto Boys가 1998년에 낸 「Free」중 "매일 밤, 나는 신께 기도했어, 가난과 증오, 인종차별, 질병으로부터 날 구출해 달라고Every night, I pray to Jesus, rescue me from the poverty, hate, racism and diseases"라는 내용을 통해서도 흑인들이 여전히 차별을 당하며 산다는 것을 헤아려 볼 수 있다.

사회에서 일어나는 여러 문제를 가사에 담는 것으로 유명한 루페이 피애스코Lupe Fiasco는 2012년 발표한 「Strange Fruition」에서 "이제는 당신네 국기에 충성을 맹세할 수 없어. 당신의 과거에서 그 어떤 화해도 찾을 수 없으니까. 당신의 계산에는 나의 동포들에 대한 동등함이 없어Now I can't pledge allegiance to your flag. Cause I can't find no reconciliation with your past. When there was nothing equal for my people in your math"라며 없어지지 않는 미국 내의 차별을 고발한다.

부기 다운 프로덕션스Boogie Down Productions는 1990년 노래 「The

Racist」를 통해 인종차별주의자들의 이런저런 유형을 설명한다. 어린 시절부터 자녀에게 백인이 우월하다고 가르치는 일부 가정의 잘못된 교육, 흑인의 삶과 흑인 사회에서 일어나는 일에 대한 무관심, 경제활동에서의 제한 등이 인종차별을 더욱 고착화한다고 꼬집는다.

투팍2Pac은 1998년에 선보인 「Changes」를 통해 차별을 없애기 위해서는 인식과 행동을 전환해야 한다고 주장한다. 그는 노래에서 "우리가 변화를 만들어야 해. 이제 사람다운 모습으로 변화할 때가 됐어. 먹는 방식을 바꾸고, 사는 방법을 바꾸자고. 서로를 대하는 방식도 바꾸는 거야We gotta make a change. It's time for us as a people to start makin' some changes. Let's change the way we eat. Let's change the way we live. And let's change the way we treat each other"라며 품행을 적극적으로 고쳐나갈 것을 요구한다. 이는 흑인과 백인뿐만 아니라 무의식적으로라도 편견을 갖는 모든 사람에게 전하는 얘기였다.

힙합만 인종차별을 소재로 택하는 것은 아니다. 원곡은 1974년에 나왔으나 영국 가수 엘비스 코스텔로Elvis Costello가 1978년에 출시한 리메이크 버전으로 널리 알려진 「(What's So Funny 'Bout) Peace, Love, and Understanding」도 온 인류에게 평화와 사랑, 이해가 필요함을 말한다. 폴 매카트니와 스티비 원더 Stevie Wonder가 1982년에 낸 「Ebony and Ivory」는 피아노의 검은 건반 과 흰 건반을 흑인과 백인에 비유해, 흑백의 건반이 합쳐질 때 훌 륭한 소리가 나듯이 좋은 세상을 위해서 흑인과 백인이 조화롭게 살아갈 것을 청원한다. 미국 펑크 밴드 워War의 1975년 싱글 「Why Can't We Be Friends?」는 "우리는 왜 친구가 될 수 없나요?"라는 질 문을 반복하며 일상생활에서 존재하는 사람들 사이의 갈등을 문제 삼는다. 더불어 "우리가 협력해서 살아간다면, 당신의 피부색은 나 에게 아무런 상관이 없어요The color of your skin don't matter to me, As long as we can live in harmony"라는 가사로 인종차별에 반대하는 입장을 내보인다. 이 외에도 힙합 아닌 다른 장르에서 인종 문제를 언급하는 노래는 일 일이 열거할 수 없을 정도로 많다.

차별 없는 세상을 갈망하고 흑인들의 자긍심을 높이려는 내용의 노래는 공민권운동[15]이 활발하게 펼쳐진 1960년대 초·중반부터 속 속 나왔다. 샘 쿡Sam Cooke의 「A Change Is Gonna Come」, 임프레션 스The Impressions의 「People Get Ready」, 오티스 레딩Otis Redding의 원곡 이지만 어리사 프랭클린Aretha Franklin의 리메이크 버전으로 더 유명한 「Respect」, 스테이플 싱어스The Staple Singers의 「Why? (Am I Treated

---

15 선거권, 피선거권 등 시민으로서 정치에 참여할 수 있는 권리를 획득하기 위한 운동.

So Bad)」, 제임스 브라운의 「Say It Loud – I'm Black and I'm Proud」
가 대표적이다. 이 노래들은 당시 시위대들이 즐겨 불러 공민권운
동의 찬가처럼 여겨졌다.

I go to the movie. And I go downtown.
영화를 보러 시내에 가요.

Somebody keep telling me don't hang around.
누구는 계속 말해요. 서성대지 말라고.

It's been a long time coming.
여기까지 오는 데 꽤 시간이 걸렸네요.

But I know a change is gonna come, oh yes it will.
하지만 변화가 오리라는 것을 알아요. 그렇게 될 거예요.

Then I go to my brother.
그러면 나는 내 형제(백인)한테 가죠.

And I say brother help me please.
그리고 그에게 제발 도와 달라고 해요.

But he winds up knockin' me.
하지만 그는 날 때리기만 해요.

Back down on my knees
무릎까지 꿇리죠.

There been times when I thought I couldn't last for long.

오래 견디지 못할 거라고 생각했던 적은 몇 번 있었어요.

But now I think I'm able to carry on.

하지만 이제 버틸 수 있을 것 같아요.

It's been a long time coming.

여기까지 오는 데 꽤 시간이 걸렸네요.

But I know a change is gonna come, oh yes it will.

하지만 변화가 오리라는 것을 알아요. 그렇게 될 거예요.

- 샘 쿡 「A Change Is Gonna Come」 중

1960년대 팝 음악계에 선명한 자취를 남긴 이 노래들은 모두 솔 뮤직이라는 공통점을 지닌다. 1940년대 후반에 생겨난 리듬앤드블루스R&B: rhythm and blues[16]는 1950년대 후반부터 반주와 보컬에서 한층 거친 느낌을 내기 시작했다. 음악 관계자들은 이렇게 원초적 느낌이 강해진 스타일을 영혼soul에 비유해 솔뮤직이라고 불렀다.

초기 솔뮤직은 리듬앤드블루스와 마찬가지로 사랑이 가사의 주요 테마였다. 그러다가 1960년대 들어 공민권운동이 활기를 띠면

16 1940년대 말 미국 북부 지역에서 발생한 대중음악 장르. 리듬감을 띤 블루스라는 뜻에서 리듬앤드블루스라는 명칭이 붙었다.

서 흑인으로서 갖는 자부심을 표출하거나 사회상을 묘사하는 내용
이 늘어났다. 몇몇 힙합이 나타내는 사회참여적인 성격과 비판적
태도는 공민권운동 시대를 타고 나온 솔뮤직의 저항 정신을 계승한
것이라고 할 수 있다.

힙합은 어떻게 힙하게 됐을까?

사회 문제에
눈을 더 크게 뜬 힙합

백인과 동등한 권리를 행사하게 됐다고 해서 삶의 질이 나아진 것은 아니었다. 대다수 흑인 가정의 살림살이는 여전히 어려웠다. 경제적 형편이 넉넉지 못해서 대학 진학을 포기하는 학생이 많았다. 고등교육체계가 발달한 사회에서 학력이 낮으면 취업의 기회가 제한되기 마련이다. 이 때문에 많은 흑인이 운전기사나 음식점 종업원, 숙박 시설 청소부, 건설 현장 일용 노동자처럼 단순노동 직종에 몰리곤 했다. 이런 일은 전문직이나 일반 사무직에 비해 급여가 많이 적다. 보수가 낮은 단순노동을 하는 이들에게는 저축은커녕 생계를 유지하는 것만도 벅찰 수밖에 없었다. 흑인들은 가난이 대물림되는 사정을 면하기가 쉽지 않았다.

일부 흑인 청소년은 빈곤에서 벗어나려는 마음이 앞선 나머지 잘못된 길로 빠졌다. 쉽게 큰돈을 벌 수 있다는 유혹에 넘어가 폭력 등의 악행에 노출된 것이다. 이런 청소년들 대부분은 갱단에 가입해 조직의 원조를 받으며 활동했다.

갱단의 일원이 된다는 것은 힘을 얻는다는 의미였다. 갱단에 들어가면 그 누구도 함부로 자신을 건드리지 못한다. 이성도 쉽게 만날 수 있다. 한순간에 잘나가는 사람으로 지위가 상승한다는 것이 어린아이들에게는 더없이 달콤한 소리로 들렸다. 살벌한 범죄에 빠져드는 것을 제외하곤 흑인 청소년이 갱단에 가입하게 되는 배경과 우리나라에서 몇몇 학생이 일진회를 동경하는 이유가 거의 동일하다. 그릇된 행동임을 인지하면서도 온갖 권력을 등에 업은 듯한 황홀함에 도취돼 많은 흑인 청소년이 범법 행위에 젖어 들었다.

불량한 삶에 행복한 결말이 존재할 리 없다. 다른 조직과 시비가 붙어 다투다가 목숨을 잃는 아이가 무척이나 많았다. 운이 좋아 살아도 대부분이 그 꽃다운 시절에 짧게는 2~3년, 길게는 10년 넘게 감옥살이를 하곤 했다. 출소 후에는 정상적인 일을 찾으려고 해도 전과 기록이 남아서 직업을 구하기가 쉽지 않았다. 과거를 청산하고 새 삶을 이루고 싶지만 사회에서 받아 주지 않아 다시 어두운 길을 택하는 경우도 부지기수였다. 악한 생활은 사나운 결과를 예비할 뿐이다.

몇몇 의식 있는 래퍼들은 이와 같은 흑인 사회의 사정을 랩으로 전달하기 시작했다. 주변에 만연한 범죄, 열악한 교육 환경, 빈곤에서 벗어나기 어려운 구조적 불균형 등 흑인들을 힘들게 하는 문제들을 가사에 담았다. 대중에게 흑인 사회의 어두운 실상을 알리고, 흑인들로 하여금 각성을 촉구하기 위함이다. 이러한 힙합은 정치와 관련됐다고 해서 폴리티컬 힙합political hip hop이라고 불린다. 또는 특정 현안에 대해 자각하는 행동이라고 여겨 컨셔스 힙합conscious hip hop이라고 칭하기도 한다.

이 장르의 가장 대표적인 작품이 그랜드마스터 플래시 앤드 더 퓨리어스 파이브가 1982년에 발표한 「The Message」다. 노래는 해충이 득시글거리는 좋지 않은 주거 환경, 주린 배를 채우기 위해 쓰레기를 뒤지는 노숙자, 가난에 떠밀려 강도질을 하는 사람 등을 언급하며 흑인 빈민가의 피폐한 실상을 샅샅이 밝혔다. 파티와 놀이에 초점을 맞춘 당시 대부분 힙합과는 시선이 완전히 달랐다. 많은 사람이 「The Message」를 통해 힙합이 즐거움만 찾는 음악이 아님을 깨닫게 됐다. 가사에 깊은 사고와 통찰을 녹여 낸 덕분에 현재까지도 다수의 음악 전문지가 「The Message」를 힙합 역사상 가장 영향력 있는 노래 중 하나로 꼽는다.

흑인 빈민들에게 1980년대는 무척 혹독한 시기였다. 로널드 레이건Ronald Reagan 대통령은 재임 기간이었던 1981년부터 1989년까지 경제 번영을 목표로 소득세 감세, 기업에 대한 정부의 규제 완화, 인플레이션 억제 정책을 실시했다. 그의 이름과 경제학을 뜻하는 영어 단어 이코노믹스economics를 조합해 이른바 레이거노믹스Reaganomics라고 불린 이 정책은 정부 지출 삭감을 핵심 방안으로 삼고 있었다. 레이건 정부는 정부의 지출을 최소화하기 위해 생활 보조금과 식품 교환권, 무료 급식 등 빈곤층 지원에 투입되던 예산을 대폭 줄였다. 그동안 받던 최소한의 원조마저 줄어든 탓에 흑인 빈민들의 삶은 더욱 어려워질 수밖에 없었다.

퍼블릭 에너미는 흑인들을 소홀히 대하는 기득권에 비판의 날을 세웠다. 이 그룹은 1989년에 발표한 「Fight the Power」에서 흑인들을 향해 권력에 맞서 싸워야 한다고 얘기한다. 이에 더해 흑인이 백인과 동등한 대우를 받지 못하는 현실을 강도 높게 비판했다. 노래의 제목은 국가의 홀대와 무관심에 상처받은 흑인들의 성난 민심을 표현하기에 더없이 좋은 구호였다. 덕분에 「Fight the Power」는 정부의 복지 정책을 못마땅하게 여긴 흑인 젊은이들의 투쟁가가 됐다.

흑인들 간의 폭력도 심각한 문제였다. 1987년 부기 다운 프로덕션스의 멤버 스콧 라 록Scott La Rock이 불량배와 마찰을 겪고 있던 친구를 돕다가 불량배들이 쏜 총에 맞아 사망하는 사건이 일어난다. 흑인들끼리 서로 다투고 쉽게 살인을 행하는 현실을 안타까워한

부기 다운 프로덕션스의 리더 케이
알에스-원KRS-One은 1989년 미국 동부
를 거점으로 활동하는 동료 래퍼들과 프로
젝트 그룹 스톱 더 바이올런스 무브먼트The Stop the
Violence Movement를 결성하고 폭력을 멈추자는 내용의
캠페인송 「Self-Destruction」을 발표한다. 노래는
비록 상업적으로 성공하지 못했으나 힙합이 얼마
든지 사회문제를 조명하고 온건한 메시지를 전
하는 수단이 될 수 있다는 것을 알리는 사례 중
하나로 남았다.

　1980년대 중반부터는 갱스터 랩gangsta rap이 퍼지기 시작하면서
힙합 음악에서 여성을 업신여기는 가사가 늘어났다. 이 장르의 래
퍼들은 남성으로서의 우월성을 부각하기 위해, 혹은 거친 인상을
풍기기 위해 여성을 가리킬 때 저속한 단어를 일삼았다. 갱스터 랩
은 폭력성 강한 내용에도 불구하고 직설적이고 자극적인 표현으로
힙합 마니아들 사이에서 큰 호응을 얻었다. 갱스터 랩이 확산함에
따라 젊은 음악팬들에게 여성을 하찮게 대하는 시각이 자연스레
주입될 소지가 충분했다.

　힙합 문화에서의 여성 비하 행태를 불편하게 여긴 퀸 라티파
Queen Latifah는 1993년 발표한 「U.N.I.T.Y.」를 통해 남성과 여성이 서

로 존중하고 화합해야 한다고 주장했다. 노래는 일부 남성 래퍼들이 여성을 모욕했던 것처럼 이성에 대해 모멸적 태도를 취한 것이 아니라, 포용과 상생의 메시지를 전달해 더욱 숭고하게 느껴졌다. 「U.N.I.T.Y.」는 건실한 사상을 표한 덕분에 1995년에 열린 그래미 어워드에서 최우수 랩 솔로 퍼포먼스를 수상했다.

로린 힐Lauryn Hill은 1998년에 출시한 「Doo Wop (That Thing)」에서 미혼모 문제를 꼬집었다. 그녀는 노래를 통해 가식적으로 행동하는 남자들을 비판하면서 여성에게 자신을 소중하게 여길 것을 당부한다. 노래는 1998년 빌보드 싱글 차트 1위에 올랐으며, 이듬해 열린 그래미 어워드에서 최우수 아르앤드비 노래와 최우수 여성 아르앤드비 보컬 퍼포먼스 부문을 수상했다. 세상과 호흡하는 음악이 대중의 지지와 찬사를 이끌어 낼 수 있다는 것을 「Doo Wop (That Thing)」이 또 한 번 증명했다.

2003년 블랙 아이드 피스The Black Eyed Peas는 「Where Is the Love?」로 인류에게 사랑이 필요함을 얘기했다. 여러 래퍼가 노래로 싸움을 멈출 것을 간절히 청했지만 갱단 간의 폭력 행위는 여간해서는 잦아들지 않았다. 인종차별과 성 소수자에 대한 폭력도 여전했다. 내전과 테러로 몸살을 앓는 나라도 많았다. 부익부 빈익빈 현상이 심해지면서 돈을 최고로 두는 가치관이 팽배해져 갔다. 「Where Is the Love?」는 이처럼 나라 안팎에서 흔히 목격되는 씁쓸한 상황을 언급하면서 살기 좋은 세상을 만들기 위해서는 우리 모두가 사랑하는 마음을 가져야 한다고 외친다.

이 노래들은 힙합이 사회성을 지닌 음악이라는 것을 다시금 일깨워 준다. 퍼블릭 에너미의 멤버 척 디Chuck D는 "랩은 흑인 빈민가의 뉴스다"라고 랩을 정의한 적이 있다. 그의 말처럼 여러 힙합이 흑인들의 삶을 조명하며 사람들의 관심을 유도했다. 나아가서는 세계가 마주한 문제들에도 시야를 넓힘으로써 뉴스의 역할을 하는 동시에 인류애도 실현했다.

압도적으로 많은 숫자는 아니더라도 주변에서 일어나는 일들을 스케치하고 그 현상에 대한 고민을 담아낸 노래들은 지금도 계속해서 나오고 있다. 이 노래들이 출시되는 즉시 세상을 바꾸는 것은 아니다. 하지만 어떤 쟁점에 대해 여론을 불러일으키고 잘못된 것을 바로잡는 중요한 기능을 하기도 한다. 변화의 밑거름이자 촉매가 되는 것이다. 이런 노래들 덕분에 힙합의 품위가 올라간다.

그러나 왜곡된 시선은
남아 있다

갈등 없고 살기 좋은 사회를 염원하며 건강한 메시지를 전한 노래들이 있는가 하면 그렇지 않은 노래도 존재한다. 폭력과 범죄를 조장하는 노래는 여전히 많이 나오고 있다. 여성에게 모욕감을 안기거나 성 소수자 등 사회적 약자를 놀리는 가사도 여럿 된다. 어떤 힙합은 불건전한 노랫말 때문에 대중의 원성을 사기도 한다.

2015년에 개봉한 〈스트레이트 아웃 오브 컴턴Straight Outta Compton〉에서 힙합이 크게 질타당한 순간을 확인할 수 있다. 갱스터 랩의 확산에 중추적 역할을 했던 힙합 그룹 엔더블유에이N.W.A의 일대기를 다룬 이 영화에서 그룹이 탄 버스가 지나갈 때 사람들이 시위하는 장면이 나온다. 시위를 벌이는 사람들의 손에는 그룹에 강한 적대감을 나타낸 피켓이 들려 있다. 한쪽에서는 그룹의 음반을 쌓아

놓고 아스팔트를 포장할 때 쓰는 중장비를 동원해 가차 없이 깔아뭉갠다.

엔더블유에이가 1988년에 낸 앨범 『Straight Outta Compton』은 거친 언어와 문란한 내용으로 가득했다. 차마 입에 담지 못할 욕설은 기본에, 누군가를 해치겠다는 가사가 곳곳을 메웠다. 여성을 비하하는 표현도 즐비했다. 이런 이유로 영화에서 묘사된 것처럼 당시에 많은 이가 엔더블유에이를 지탄했다.

신기하게도 엔더블유에이에게 환호를 보내는 사람도 많았다. 『Straight Outta Compton』에 실린 「Fuck tha Police」 덕분이었다. 노래는 흑인이라는 이유만으로 성급하게 범죄자로 의심하고, 흑인을 유독 모질게 대하는 일부 백인 경찰을 비난의 대상으로 삼았다. 가사의 세기는 강편치를 넘어 거의 핵편치 수준이었다. 경찰로부터 차별 대우나 강압적인 수사를 받아 본 흑인들은 거침없는 언사에 대리 만족을 느끼며 엔더블유에이를 응원했다.

그러나 「Fuck tha Police」는 악영향도 컸다. 경찰을 사악한 폭군으로 묘사한 가사는 공권력에 대한 불신과 불만을 부추길 소지가 다분했다. 모욕적이며 도발적인 내용은 몇몇 경찰로 하여금 흑인에 대해 적개심을 품거나 감정적으로 상대할 빌미를 제공했다. 처음에는 통쾌하게 들렸을 「Fuck tha Police」는 흑인들과 백인 경찰들 간의 갈등만 고조시킬 뿐이었다.

앨범의 다른 수록곡들도 문제점을 안고 있었다. 『Straight Outta Compton』의 노래들에 등장하는 화자는 자신을 그 어떤 사람보다 거칠고 잔인한 악당으로 묘사한다. 누구도 함부로 건들지 못하며, 혹시나 그랬다가는 가혹한 응징이 가해질 것이라고 말한다. 기성세대 입장에서는 가치관이 정립되지 않은 청소년들이 이를 남자다운 모습으로 여기고 폭력에 쉽게 빠져드는 것은 아닌지 걱정될 수밖에 없었다.

종종 목격되는 사회적 약자에 대한 조롱도 힙합에 대해 좋지 않은 시선을 갖게 한다. 몇몇 래퍼가 재미있고 센 표현을 우선에 둔 탓에, 혹은 단시간에 이목을 끌어야겠다는 의욕이 앞선 나머지 사회적으로 보호받아야 할 존재를 웃음의 소재로 활용하는 잘못을 저지르곤 한다. 또한 힙합은 시작부터 남성이 주도하는 문화였으며, 래퍼 인구도 남성이 여성보다 압도적으로 많다. 이 때문에 남들보다 더 강해 보이게끔 남자다운 면모를 과시하는 것이 거의 전통처럼 여겨져 왔다. 이런 이유로 동성애를 남자답지 못한 행위로 간주하고 그들에게 막말을 쏟는 이도 있다. 배경이 어찌 됐든 약한 사람을 희롱하는 것은 결코 옳은 행동이 아니다.

할리우드 블록버스터 영화들로 우리에게 친숙한 윌 스미스Will Smith가 오래전에 그런 결례를 범한 적이 있다. 그는 배우로 뜨기 훨씬 전인 1980년대 중반부터 이미 프레시 프린스The Fresh Prince라는 예명의 래퍼로 잘나갔다. 그가 속한 디제이 재지 제프 앤드 더 프레시 프린스DJ Jazzy Jeff & the Fresh Prince는 우스꽝스러운 가사와 경쾌한 비트를 앞세워 큰 인기를 얻었다.

하지만 유쾌함에 대한 집착은 특정 계층을 불쾌하게 하는 사건을 낳고 만다. 그룹으로 활동하던 시절인 1986년 뉴욕시의 유니언 스퀘어에서 열린 공연에서 윌 스미스는 "못생긴 사람들 모두 조용히 해. 더럽고 냄새나고 추잡한 사람들도 모두 조용히 해. AIDS에 걸린 사람들도 모두 조용히 해. 남자를 좋아하지 않는 여자들도 조용히 해All the ugly people be quiet. All the filthy, stinky, nasty people be quiet. All the homeboys that got AIDS be quiet. All the girls out there that don't like guys, be quiet"라며 프리스타일 래핑을 펼쳤다. 공격적인 말이 아닐 수 없다.

사실 이 말은 관객의 함성을 이끌어 내기 위한 것이었다. 특정 대상을 두고 조용히 하라는 말은 거기에 해당되지 않은 사람은 모두 환호성을 지르라는 역설적 표현이다. 가수들이 공연을 할 때 장내의 분위기를 차례차례 달굴 목적에서 "남자들 소리 질러!", "이번에는 여자들 소리 질러!" 같은 말을 외치는 것과 같은 맥락이었다.

윌 스미스의 주문은 얼핏 익살맞게 들리기도 한다. 하지만 모든 사람을 웃음 짓게 할 대사는 아니다. 여기에는 외모 지상주의와 인신공격이 스며있다. 병에 걸려 가뜩이나 상심이 클 사람의 상처까지 건드렸다. 또한 여자는 모두 남자를 좋아할 것이라는 뉘앙스가 스민 말로 여성의 성적 자기 결정권을 무시했다. 누군가에게는 즐겁게 들렸을지 몰라도 외모에 콤플렉스를 느끼는 사람들이나 AIDS 환자들에게는 가슴 아플 말이었다.

최초의 백인 힙합 그룹 비스티 보이즈Beastie Boys도 비슷한 실수를 범할 뻔했다. 비스티 보이즈는 정규 데뷔 앨범 제목을 『Don't Be a Faggot』으로 지으려 했다. 그러나 그들의 음반사는 그룹의 아이디어를 받아들이지 않았다. faggot은 다진 고기로 빚은 경단, 땔감용 나무라는 뜻도 있지만 실제로는 남자 동성애자를 모욕적으로 일컫는 말로 더 많이 쓰이기 때문이다. 앨범 수록곡 대부분이 '아무것도 신경 쓰지 말고 신나게 놀자'는 주장을 품고 있어서 비스티 보이즈는 앨범 타이틀에서도 개구쟁이의 이미지를 나타내고 싶었을 듯하다. 하지만 음반사의 의견이 옳다고 판단한 그룹은 결국 『Licensed to Ill』로 제목을 바꿔 발표했다.

1986년 11월에 발매된 이 음반은 이듬해 4월까지 미국에서만 300만 장 이상 팔렸다. 이후로도 꾸준한 인기를 얻어 2015년 3월에는 미국 내 판매량 1,000만 장을 넘겼다. 만일 이 음반이 동성애 혐오의 태도를 품은 제목을 그대로 달고 나왔으면 이만큼 큰 사랑을 받기는 어려웠을 것이다.

최근 우리나라 힙합에서도 특정 계층이나 사회적 약자를 희화화

어떤 목적이든 비도덕적이고 폭력적인 언행은 없어져야 할 악습에 불과하다.

하는 가사를 써서 논란을 빚는 일이 심심찮게 발생하고 있다. 자기 자랑, 비유를 통한 말장난에 지나치게 집착하다 보니 자기도 모르게 도를 넘어 버리는 것이다. 또한 이는 타인에 대한 이해와 배려의 부족 탓이기도 하다. 애석한 일이 아닐 수 없다.

논란이 되는 가사를 대수롭지 않게 여기는 힙합 마니아를 인터넷상에서 적잖이 볼 수 있는 사실도 몹시 섭섭하다. 심지어 어떤 이들은 "이것이 진정한 힙합!"이라며 찬양하기까지 한다. 힙합이 발생하던 초기부터 다수의 래퍼가 과시와 재미를 위해 다른 누군가를 깎아내리거나 빈정거리는 가사를 써 오긴 했다. 그러나 이러한 비도덕적이고 폭력적인 모습은 기리고 보존해야 할 훌륭한 전통이라고 할 수 없다. 반성과 비판의 부족으로 굳어져 버린 악습일 뿐이다.

인간의 존엄성을 짓밟는 비윤리적 행위에 맞장구치는 것은 결코 옳은 행동이 아니다. '내가 듣기에 좋으면 그만'이라며 재미와 쾌락만을 좇다 보면 자기도 모르는 순간 도덕성을 잃게 될지도 모른다. 상스러움이 힙합의 참맛이며, 매력이라고 오해해서는 곤란하다. 이런 노래들은 우리의 정신을 윤택하게 해 주지 못한다는 것을 인지해야 한다.

생각해 볼 거리

자유와 방종의 기준은 무엇일까?

우리는 매일 자유를 누리고 산다. SNS에 글을 쓰는 것, 인터넷에서 자기가 좋아하는 주제로 커뮤니티를 개설하는 것, 길을 걸으면서 노래를 흥얼거리는 것 등 일상에서 쉽게 하는 많은 행동이 넓은 의미에서 헌법에 기록된 자유에 해당한다.

하지만 모든 행동을 자유라고 부르지는 않는다. 법과 규범에 어긋나거나 다른 사람에게 피해를 준다면 그것은 자유가 아닌 방종이 된다. 자유와 방종, 두 단어 모두 개인이 마음대로 행동하는 것을 가리키지만 방종은 '아무렇게나 마구'라는 상태 설명을 추가한다. 남의 사정이야 어떻든 신경 쓰지 않고 함부로 날뛰는 것을 방종이라고 부른다.

힙합에도 자유의 산물로 느껴지는 작품이 있는가 하면, 고약한 방종의 덩어리로 여겨지는 노래도 있다. 어떤 가사를 쓰든 그것은 래퍼의 자유지만 래퍼가 내뱉은 가사가 특정 계층에 속한 사람을 불쾌하게 한다든가 보호받아야 할 처지에 놓인 약자를 우롱한다면 이는 예술을 빙자한 방종에 지나지 않는다. 때문에 다른 사회 구성원의 권리나 편의를 침해하는 노래는 바람직한 자유의 결실이라고 칭하기 어려울 것 같다.

상식적인 생각을 하는 사람이라면 내 행동이 남에게 불편을 주지 않도록 각별히 주의한다. 다른 이에게 해를 끼치는 행동을 하는 사람을 응원하지도 않는다. 이것이 지극히 정상적인 활동이다. 그런데 많은 힙합 애호가가 사회적 약자에게 상처를 줄 노래에 환호하는 모습이 종종 목격돼 안타깝기만 하다. 우리는 별다른 고민 없이 남의 방종을 지지하고 누군가가 느낄 고통을 즐기고 있는 것은 아닐까? 진지하게 돌이켜 봐야 할 것이다.

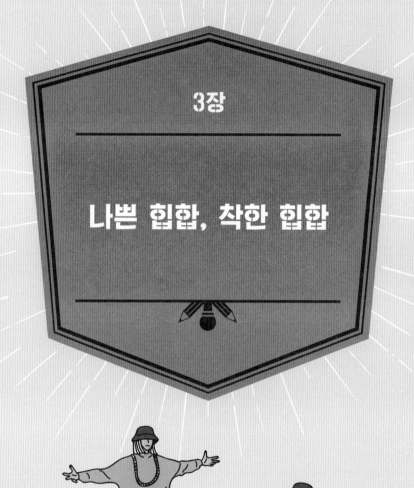

3장

나쁜 힙합, 착한 힙합

디스와 배틀은
좋은 것일까?

"네 가사는 똥이야! 내가 쪼그려서 보는 일처럼 말이지. 이 위대하신 파파 독한테 감히 누가 대들 수 있다고 한 거야? 어쨌든 무대를 밟았으니 널 걷어차 주지."

영화 〈8 마일8 Mile〉 중 도입부에서 래퍼 역할을 맡은 파파 독Papa Doc이라는 등장인물이 랩 배틀을 벌이는 상대 쇼티 마이크Shorty Mike에게 쏟는 랩의 일부다. 이 장면에서 파파 독은 내내 쇼티 마이크를 조롱하고 위협한다. 여기에 더해 쇼티 마이크의 어머니, 아버지까지 험하게 욕한다. 영화 속 장면처럼 랩 배틀은 상대방에 대한 능멸은 기본에, 그의 주변 사람들까지 비방하는 내용으로 이뤄지는 경우가 다반사다.

〈8 마일〉에 나타난 수위까지는 아니지만 국내에서도 〈쇼미더머니)나 〈언프리티 랩스타〉 같은 프로그램을 통해 래퍼들이 디스를 하며 대결을 벌이는 광경을 어렵지 않게 볼 수 있다. 이 때문에 랩 배틀을 디스 하는 것으로 인식하는 사람이 많다.

랩 배틀이 디스와 뗄 수 없는 관계를 맺어 온 것은 부정할 수 없는 사실이다. 힙합 문화가 발생하던 초기로 다시 거슬러 올라가 보자. 디제이 옆에서 가끔 몇 마디 외치던 엠시는 조금씩 문장을 추가하며 자기 분량을 늘려 간다. 클럽 안의 관객은 어느 순간 디제이보다 엠시와 그가 내뱉는 리듬감 있는 말에 더 집중하기 시작한다. 이 상황을 흥미롭게 본 클럽의 사장, 혹은 클럽 관계자는 '유레카!'를 외친다. 이제는 디제이보다 엠시가 더 좋은 돈벌이가 되겠다고 깨달은 것이다. 클럽들은 엠시들의 랩 대결을 기획한다.

랩을 좀 한다는 엠시들은 자신의 기량을 뽐내기 위해 흔쾌히 격돌의 장에 뛰어들었다. 그런데 평소 클럽에서 하던 즐거운 가사의 랩은 여기서 통하지 않았다. 상대방보다 뛰어나 보이기 위해서는 세련되고 감각적인 라임을 구사해야 했다. 하지만 이것만으로도 큰 효과를 보지 못하자 과하게 허풍을 떨며 자신을 치켜세우는 말을 늘어놓게 된다. 흔히 스왜그로 통하는 힙합 문화에서의 허세는 이를 시작점으로 한다.

그러나 시간이 지나면서 힘자랑, 재산에 대한 과시, 많은 이성이 자기를 좋아한다는 떠벌림도 별로 먹히지 않는 한계를 맞이한다. 시합의 승자가 되기 위해서는 더 화끈한 표현이 필요했다. 상대방이 정신을 차리지 못할 정도로 큰 타격을 입히는 것이 중요하다고 판단한 엠시들은 상대를 모욕하는 랩을 하게 된다. 이것이 디스의 발원이다.

맞수의 약점을 꼬집으며 웃음거리로 만드니 관객의 호응도 좋았다. 관객은 자기들이 상처를 받는 것은 아니기에 조롱하고 맞받아치는 모습이 그저 재미있기만 했다. 이렇게 랩 배틀은 상대를 기분 나쁘게 하는 것을 수단과 목적으로 삼는 과격한 말싸움이 됐다.

막무가내로 인신공격을 일삼는 모습 때문에 어떤 이는 랩 배틀을 폭력적인 행위라고 비판한다. 반면에 누구는 대결에 나선 경쟁자들이 각자의 기량을 선보이고 승부를 가른다는 점을 이유로 들면서 랩 배틀은 일종의 격투기와 같다며 옹호한다. 랩 배틀에 대한 관점과 소감은 이렇게 확연히 갈린다.

싸워서 승패가 난다는 조건은 같지만 랩 배틀의 성격은 격투기와 완전히 다르다. 랩 배틀은 대체로 신사적인 태도를 취하지 않는다. 오직 상대를 깔아뭉개겠다는 마음만 존재한다. 격투기 선수들은 시합이 끝나면 상대방과 악수하거나 안으면서 잘 싸웠다고 서로 칭찬하고 격려한다. 그러나 디스로 가득한 배틀을 마친 래퍼들은 곧장 등을 돌리기 바쁘다. 방금 전까지 나를 비웃고 내 친구나 가족을 흉본 사람과 악수하고 포용할 수 없는 것이 당연하다. 기를 쓰고 사람의 마음에 상처를 내려는 행위는 그 어떤 격투기와 비교될 수 없다.

랩 배틀에는 기본적으로 상대방에 대한 존경심이 깔려 있다고 주장하는 사람도 있다. 과연 이 의견이 맞을까? 존경은 누군가의 업적, 사상, 인격 등을 받들어 공경하는 것을 뜻한다. 그런데 대부분 랩 배틀이 상대의 행적을 험담하며, 인격을 무시하는 내용으로 채워지기 일쑤다. 작정하고 행하는 디스와 마찬가지로 타인을 떠받드는 태도는 조금도 나타나지 않는다. 그러므로 랩 배틀이 존경을 바탕으로 한다는 말은 어불성설이다. 정말 우러르는 마음이 있다면 깔보거나 비아냥거리는 행동을 아예 하지 않는 것이 정상이다.

또한 어떤 이는 랩 배틀을 통해 래핑 실력을 키울 수 있다며 랩 배틀이 긍정적인 면을 지녔다고 두둔한다. 이 말은 어느 정도 일리가 있다. 래핑 기량을 올리는 가장 좋은 방법은 가사를 많이 써 보고 여러 무대를 경험하는 것이기 때문이다. 하지만 외모 비하, 지나친 인신공격 등 타인에게 심적 고통을 안기는 행동으로 실력이 느는 것이 진정 자랑스러운 성취라고 할 수 있을까? 우리는 이 점에 대해서도 곰곰이 생각해 봐야 할 것이다.

더러는 이렇게 거친 말을 주고받는 과정에서 정신력이 강화된다고도 한다. 담력도 기를 수 있다고 얘기한다. 그러나 이는 자기 합리화에 지나지 않는다. 정신력을 배양하는 방법은 헐뜯고 비난받는 것 외에도 많다. 랩을 하는 근본적인 이유는 개인의 생각과 경험을 들려주기 위함이지 누군가에게 상처받고 그 상처를 되돌려 주기 위함이 아니다.

디스를 주고받는 랩 대결은 많은 이로 하여금 힙합을 남 해치는 데에만 혈안이 돼 있으며, 자극만 추구하는 문화로 바라보게 만들 소지가 다분하다. 따라서 랩 배틀이 힙합 안에서 반드시 존재해야 할 가치 있는 경기로 자리매김하려면 이제껏 해 온 모습을 탈피해야 한다. 어떤 주제나 소재를 제시하고 그것에 대한 느낌, 또는 견해를 랩으로 펼친다면 사고력과 표현력을 키우는 데에 도움이 될 것이다. 더불어 상대방의 가사는 내가 미처 헤아리지 못한 부분을 곱씹게 해 줄 것이다. 비방만 넘쳐 나는 공허한 실랑이가 아닌 시야를 넓히고 상상력을 기를 수 있는 건강한 대련으로 거듭나야 한다.

힙합 뮤지션들, 힙합 팬들은 'Unity', 'Peace', 'One Love' 이런 말을 자주 외친다. 여기서 잠깐 생각해 보자. 남을 깎아내리는 것이 '단결', '평화', '하나의 사랑'에 정말 맞아떨어지는 활동인가? 어디를 봐도 아니다. 폭력적인 말로 가득한 랩 배틀이 존재하는 한, 이

어떤 래퍼들은 남을 비방하는 디스 노래를 내곤 한다.

를 즐기는 래퍼와 힙합 애호가들이 존재하는 한 저 단어들은 허울
뿐인 구호가 되고 만다. 힙합 문화의 표어처럼 간주되는 저 단어들
이 진가를 발휘하고 빛나기 위해서라도 비방으로 도배한 랩 배틀을
지양해야 한다.

　디스는 랩 배틀 바깥에서도 활발히 치러진다. 래퍼들은 기분 언
짢은 일을 당했을 때 앙갚음하는 수단으로 문제의 장본인을 겨눈
디스 노래를 발표한다. 혹은 사소한 오해로 발끈해서 특정 인물을
비방하는 노래를 내는 경우도 왕왕 있다.

　피해 사실이 명백하든 어떤 말이나 행동을 잘못 받아들여서 불

쾌함을 느꼈든, 대부분 래퍼가 이 상황을 그냥 넘기지 않는다. 힙합은 강해 보이는 것과 허세 부리는 것을 바탕에 두고 성장한 문화이기 때문이다. 이를 참으면 래퍼로서의 자존심에 금이 갈 뿐만 아니라 다른 사람들에게 두고두고 놀림거리가 되고 만다.

같은 이유로 노래 공격을 당한 래퍼 역시 디스 노래로 반격한다. 이렇게 꼬리에 꼬리를 무는 노래들은 힙합 역사의 여러 페이지를 때로는 치열하고, 때로는 고단한 싸움으로 장식했다.

소녀가 일으킨
비난의 대전

길모퉁이에서 들린 사내들의 푸념이 소녀의 걸음을 멈춰 세웠다. 무슨 안 좋은 일을 당했는지 그들의 목소리에는 원통함도 서려 있었다. 호기심이 생긴 소녀는 가까이 가서 얘기를 더 듣기로 한다.

라디오 디제이, 음반 프로듀서인 사내들은 한 쇼 프로그램에 나갈 예정이었다. 그런데 그들의 출연을 약속했던 힙합 그룹 유티에프오UTF0가 돌연 퇴짜를 놓은 것이다. 미스터 매직Mr. Magic, 말리 말Marley Marl, 타이론 윌리엄스Tyrone Williams 이 세 남자는 갑작스러운 출연 취소 통보를 이해할 수 없다며 거듭 한숨을 쉬었다.

자초지종을 알게 된 소녀는 그들에게 다가가 유티에프오를 공격하는 노래를 만들어 보라고 제안했다. 그러고는 그 노래에 자신이 직접 랩을 하겠다고 말했다. 당차도 너무 당찬 소녀의 태도에 사내들은 어안이 벙벙해졌다.

이내 소녀는 마치 이날만을 기다렸다는 듯이 자신 있게 랩을 펼쳐 보였다. 사내들의 머릿속에는 같은 판단이 떠올랐다. '오호, 이 친구 보통내기가 아닌데?' 실력을 인정한 세 남자는 소녀와 함께 노래를 만들기로 결정한다. 뉴욕시의 빈민가 퀸스브리지에 사는 열네 살 소녀 롤리타 샨테 구든Lolita Shanté Gooden은 1984년 그렇게 래퍼가 되는 기회를 얻었다.

롤리타는 자신의 예명을 록산 샨테Roxanne Shanté로 지었다. 유티에프오가 같은 해에 발표한 「Roxanne, Roxanne」으로 인기를 얻었기 때문이다. 이 노래는 남자들이 데이트를 하자고 매달리지만 그들의 요구에 응하지 않는 콧대 높은 여자 록산에 대해 얘기했다. 록산 샨테는 「Roxanne, Roxanne」의 내용을 바탕에 두고 록산에게 접근한 세 남자, 즉 유티에프오의 멤버들을 조롱하는 「Roxanne's Revenge」를 선보였다. 또한 노래는 「Roxanne, Roxanne」의 반주를 거의 그대로 사용함으로써 유티에프오를 더욱 자극했다.

유티에프오도 가만히 있을 수 없었다. 이들은 자신들의 의견을 전하는 노래를 제작하기로 결심하고 여성 래퍼 아델라이다 마르티네스Adelaida Martinez를 섭외했다. 유티에프오는 그 여인에게 리얼 록산 The Real Roxanne[1]이라는 이름을 붙이고는 그녀와 함께 「The Real Roxanne」을 발표했다. 그러나 노래는 록산 샨테를 모욕하는 내용이 아니었다. 오히려 「Roxanne, Roxanne」에 등장하는 록산을 훨씬 더 도도한 여자로 묘사했다. '진짜 록산은 이렇게 거만했을 텐데' 하며 록산 샨테의 수준이 낮다고 에둘러 비웃는 것 같았다.

각각 한 번씩 펀치를 주고받은 이 싸움은 얼마 뒤 전혀 새로운 양상을 보이게 된다. 이듬해 초에 여성 래퍼 스파키 디Sparky D가 록산 샨테와 리얼 록산을 형편없는 래퍼라고 비난하는 「Sparky's Turn (Roxanne, You're Through)」를 발표한 것이 예상치 못한 사건의 발단이다.

아무런 관계가 없는 제3자가 다투고 있던 사람들을 조롱하는 노래를 발표하자, 남녀를 막론한 많은 래퍼가 이에 흥미를 느끼고 싸움판에 줄지어 끼어들기 시작했다. 닥터 프레시Dr. Freshh의 「Roxanne's Doctor - The Real Man」, 지골로 토니Gigolo Tony와 레이시 레이스Lacey Lace의 「The Parents of Roxanne」, 크러시 그루브Crush Groove의 「Yo, My Little Sister (Roxanne's Brothers)」 등 록산을 제목으로 내건 노래들이 계속해서 나왔다. 때문에 이 현상을 '록산 전쟁Roxanne Wars'이라고 부르게 됐다.

1 원래는 엘리스 잭Elease Jack이라는 여성이 리얼 록산으로서 「The Real Roxanne」을 녹음했다. 하지만 아델라이다 마르티네스의 래핑이 더 괜찮다고 판단한 유티에프오는 엘리스 잭 대신 아델라이다 마르티네스를 선택했다.

그저 재미만을 위해 디스 하는 것은 자제해야 한다.

디스의 대상은 록산 샨테와 리얼 록산을 넘어 어느덧 유티에프
오, 스파키 디, 닥터 프레시 등으로 확장됐다. 유티에프오와 록산
샨테도 각각 「Calling Her a Crab (Roxanne Part 2)」와 「Queen of
Rox」를 발표하며 빗발치는 디스의 총탄에 응수했다. 한 소녀의 도
발로 시작된 싸움은 순식간에 아수라장으로 변했다. 2013년 한국
힙합 신을 뜨겁게 달궜던 '컨트롤 대란'[2]은 록산 전쟁의 후배나 다
름없다.

점점 가열되는 래퍼들 간의 비방은 록산 전쟁을 일종의 유행으

로 자리 잡게 했다. 록산을 주인공으로 한 노래는 1985년에만 자그 마치 30곡 이상 발표됐다. 록산이 넘쳐흐르는 상황에 피로감을 느낀 몇몇 래퍼는 그녀 얘기를 그만하자는 노래를 내기도 했다. 지나치게 많은 랩 때문에 록산이 죽었다고 말하는 록산Rocksann의 「She Died」도 당시 록산 전쟁에 싫증을 내는 사람들이 늘고 있었다는 것을 일러 준다. 래퍼들도 분위기가 지루해진다는 것을 감지했는지 이런 노래들이 나오면서 분쟁은 빠르게 소강상태에 접어들었다.

록산 전쟁은 힙합 역사상 가장 많은 뮤지션이 참가한 대결로 기록된다. 그런데 여기에는 웃기는 사실이 하나 있다. 이때 독설의 밭을 일구는 데 가세한 대다수 래퍼가 록산을 제목으로 내건 노래 한 곡만 내고 자취를 감췄다는 점이다. 이후 다른 작품을 더 선보인 아티스트가 거의 없다. 누군가를 헐뜯는 것이 그저 재미있게 느껴져서 특별한 목적의식 없이 랩을 한 것이다. 이제는 지겹다며 그만하자는 노래를 낸 사람들에게도 이 디스 전쟁은 놀이에 불과했던 셈이다.

2 미국 래퍼 빅 숀Big Sean이 2013년 8월에 발표한 「Control」이 발단이 됐다. 이 노래에 참여한 켄드릭 라마는 여러 래퍼를 거론하며 그들을 자극하는 래핑을 펼쳤다. 이에 영감을 받은 스윙스가 얼마 뒤 「Control」 반주에다 한국 힙합 신 전반과 몇몇 힙합 크루를 두루뭉술하게 비판하는 비공식 음원을 발표했다. 이를 시작으로 이센스, 개코 등 수십 명의 래퍼가 각자 좋지 않은 관계에 있던 래퍼들을 비난하는 비공식 음원을 선보였다.

디스 때문에
사람이 죽었다고?

1996년 9월 미국 서부 캘리포니아주를 거점으로 하는 인기 래퍼 투팍이 총격으로 사망했다는 비보가 전해졌다. 9월 7일 투팍은 라스베이거스의 한 호텔에서 열린 복싱 경기를 관람한 뒤 행사 참석을 위해 차를 타고 시내 클럽으로 향하던 중 괴한으로부터 습격을 당했다. 가슴, 골반, 허벅지 등 네 군데에 총상을 입은 그는 인근 병원으로 이송돼 수술을 받았다. 그러나 상태는 호전되지 않아 6일 뒤에 그만 숨을 거두고 만다. 같은 해 2월 발표한 네 번째 음반 『All Eyez on Me』가 좋은 반응을 얻고 있던 터라 그의 사망 소식은 많은 이에게 더욱 안타깝게 다가왔다.

힙합 신은 투팍의 죽음을 둘러싼 이런저런 추측으로 연일 술렁였다. 누구는 보복에 의한 살인이라고 주장했다. 총격 사건이 발생하기 몇 시간 전, 투팍과 그의 동료들이 호텔에서 로스앤젤레스의 한 갱단의 일원인 올랜도 앤더슨Orlando Anderson을 폭행하는 일이 있었다. 투팍의 유족은 올랜도 앤더슨이 이에 대한 앙갚음으로 투팍을 살해한 것이라고 주장했다. 하지만 올랜도 앤더슨은 투팍과 그의 일행에게 맞은 뒤, 몸이 너무 아파 곧장 자신이 묵는 호텔로 돌아가 다음 날 아침까지 침대에 누워 있었다면서 혐의를 부인했다. 그는 무혐의를 인정받고 곧 풀려났다.

유력한 용의자로 지목된 올랜도 앤더슨이 용의선상에서 제외됨에 따라 사건은 오리무중 상태에 빠졌다. 이 와중에 투팍과 동승했던 음반사 대표 슈그 나이트Suge Knight, 다른 차를 타고 투팍이 탄 차량을 뒤따르던 동료 래퍼 야키 카다피Yaki Kadafi는 이상할 정도로 경찰 수사에 소극적으로 임했다. 투팍이 죽은 지 며칠 되지 않아 고향 뉴저지주로 떠난 야키 카다피는 투팍의 사망 두 달 후인 11월 10일 지인의 친척이 실수로 쏜 총에 맞아 숨졌다. 올랜도 앤더슨 또한 1998년 갱단과 총격전을 벌이다가 사망하게 된다. 사건의 진실을 밝혀 줄 주요 인물들이 세상을 떠나면서 투팍의 죽음에 대한 의혹은 점점 커져 갔다.

사건이 좀처럼 미궁을 벗어나지 못하는 가운데 얼마 뒤에는 또 새로운 소문이 퍼지기 시작했다. 동부의 래퍼 노토리어스 비아이지The Notorious B.I.G.가 살인을 사주했다는 설이었다. 그와 투팍의 껄끄

러운 관계를 바탕에 두고 나온 루머다.

1994년 11월 30일 투팍은 뉴욕시 맨해튼의 한 녹음실에서 괴한들이 쏜 총을 맞고 귀중품을 뺏기는 사고를 당했다. 다행히 생명에는 지장이 없어서 수술 후 바로 병원을 나섰지만 투팍은 의심을 거둘 수 없었다. 강도들이 반지와 팔찌는 빼 갔으면서 당시 함께 차고 있던 고가의 시계는 손도 안 댄 것이 영 수상했다. 투팍은 이 점을 미뤄 누군가가 단순 강도로 위장해 자신을 계획적으로 죽이려 한 것으로 생각했다.

이즈음 투팍은 서부의 아이콘과 같은 존재로 떠오르는 중이었다. 한편 동부에서는 노토리어스 비아이지가 크게 이름을 알리고 있었다. 힙합이 발원한 곳은 뉴욕시가 위치한 미국 동부지만 1980년대 중반 서부에서 출생한 갱스터 랩이 큰 인기를 얻으면서 서부 힙합 신의 위상이 높아지기 시작했다. 이러한 이유로 동부와 서부 사이에는 보이지 않는 경쟁의 기류가 자연스럽게 싹트게 된다. 여기에 뉴욕시의 래퍼 팀 도그Tim Dog가 1991년 엔더블유에이를 비롯한 서부 래퍼들을 위협하는 디스 노래 「Fuck Compton」을 발표하면서 동부와 서부는 본격적으로 대립 관계를 형성했다. 투팍과 노토리어스 비아이지는 의도치 않게 각각 서부와 동부를 대표하는 선수가 된 셈이다.

본의 아니게 라이벌 관계가 된 투팍(왼쪽)과 노토리어스 비아이지(오른쪽).

때문에 투팍은 본인을 라이벌로 간주한 노토리어스 비아이지가 활동을 방해할 목적으로 꾸민 범행이라고 쉽게 단정 지었다. 이듬해 투팍은 흑인음악 잡지 《바이브Vibe》와의 인터뷰에서 자기 생각이 기정사실인 양 노토리어스 비아이지와 그가 속한 음반사 배드 보이 레코드Bad Boy Records의 대표 퍼프 대디Puff Daddy 등을 거론하며 공개적으로 혐의를 제기했다.

공교롭게도 사건이 발생한 지 두어 달 뒤인 1995년 2월에 노토리어스 비아이지가 「Who Shot Ya?」라는 싱글을 발표한다. 이 노래의 가사에는 투팍의 이름이 나오지 않는다. 노토리어스 비아이지도 《바이브》와의 인터뷰에서 투팍이 사고를 당하기 전에 가사를 썼다면서 노래는 투팍과 전혀 상관없음을 거듭 주장했다. 하지만 최근 일어난 정황을 따졌을 때 대중이 보기에도 의도하고 만든 노래로 여겨질 만했다. 특히 "누가 쐈게?"라는 제목과 노랫말은 강도를 당한 그날의 투팍을 조롱하는 투로 들리기에 충분했다.

이로써 투팍의 심증은 더 확고해졌다. 1996년 6월 그는 노토리어스 비아이지를 겨눈 디스 트랙 「Hit 'Em Up」을 공개했다. 노래에서 투팍은 노토리어스 비아이지는 물론 배드 보이 레코드 소속 뮤지션들, 이들과 친분이 있는 래퍼들까지 언급하면서 빈정거리고 사납게 비난했다. 더불어 「Who Shot Ya?」에서 노토리어스 비아이지가 동부를 되풀이해서 외친 것처럼 투팍도 「Hit 'Em Up」에서 서부를 연호하며 지역에 대한 자부심을 적극적으로 드러냈다. 이 때문에 힙합 마니아들한테 두 사람 사이의 갈등은 동부와 서부 간의 힘겨루기로 확대 해석될 수밖에 없었다.

이러한 사정으로 「Hit 'Em Up」에 분노한 노토리어스 비아이지가 동부의 힘을 과시할 겸 투팍의 살인을 교사했다는 유언비어가 나온 것이다. 노토리어스 비아이지는 사실무근이라며 소문을 전면 부인했다. 그는 「Hit 'Em Up」에 대응하는 노래를 내지도 않았다. 하지만 투팍의 사망 이후 긴장감은 더욱 고조됐다.

아니나 다를까 둘 사이의 갈등은 마치 미리 시나리오를 써 둔 것처럼 비극의 속편을 몰고 왔다. 1997년 3월 노토리어스 비아이지가 로스앤젤레스시에서 열린 솔 트레인 뮤직 어워드Soul Train Music

Awards에 참석한 후 차를 타고 숙소로 향하던 중 괴한이 쏜 총에 맞아 사망한 것이다. 그도 투팍과 마찬가지로 괴한이 차를 타고 가면서 총을 난사하는 방식으로 살해당했다. 이런 공통점을 두고 많은 사람이 이 사건을 투팍의 죽음에 대한 복수라고 생각했다. 당시 함께 있었던 일행들의 진술을 토대로 용의자의 몽타주를 만들었으나 정확한 신원은 파악되지 않았다. 용의자는 아직도 검거되지 않은 상태다.

무려 20여 년이 지났지만 둘의 사망에 대해 명확히 밝혀진 바가 없다. 여전히 추측만 나돈다. 어떤 사람은 배드 보이 레코드와 투팍이 속한 데스 로 레코드Death Row Records가 함께 모의한 일이라는 가설을 내놓기도 했다. 유명한 뮤지션이 죽으면 일시적으로 음반 판매량이 증가하곤 한다. 두 래퍼의 인지도가 높은 데에다가 대립하던 관계이기까지 하니, 이들이 사망하면 음반이 훨씬 많이 팔릴 것이라고 예상해서 두 회사가 사건을 꾸몄다는 주장이다. 이 얘기 또한 가정으로만 남아 있다.

내막이 어찌 됐든 당시 겨우 20대 중반이었던 두 청춘이 세상을 떠났다는 사실은 변하지 않는다. 이 비극의 한복판에 「Hit 'Em Up」이 자리하는 것도 불변의 사실 중 하나다. 누군가는 힙합다운, 혹은 래퍼다운 행동이라고 생각했을 이 디스 트랙이 또렷하게 남긴 것은 동료를 향한 복수심, 무모한 힘자랑뿐이다. 더군다나 노래의 가사는 온통 욕설과 험악한 표현으로 도배돼 있다. 별로 아름답지 않은 흔적이다.

그럼에도 사람들은 이 싸움을 흥미로운 구경거리로 여겼다. 투팍이 「Hit 'Em Up」을 발표했을 때 힙합 마니아들은 노토리어스 비아이지가 어떻게 반응할지, 이 다툼이 어떻게 전개될지 궁금해했다. 많은 이가 둘 사이의 마찰을 단순히 호기심을 자극하는 시합쯤으로 바라봤다.

구경꾼들의 예상과는 다르게 투팍과 노토리어스 비아이지의 대립은 승자와 패자가 나뉘는 일반적인 경기로 끝을 맺지 않았다. 패배감과는 비교할 수 없는 막대한 슬픔을 주변 사람들에게 떠안긴 채 막을 내렸다.

사건의 전말이 명확하게 밝혀지지 않았기에 「Hit 'Em Up」이 두 래퍼의 죽음에 직접적인 영향을 미쳤다고 단정할 수는 없다. 사실관계는 불분명하더라도 이 일화가 전하는 교훈만큼은 명료하다. 디스가 때로는 상상 이상의 엄청난 결과를 낳을 수도 있다는 것이다. 불화를 겪던 투팍과 노토리어스 비아이지가 연이어 사망하자 힙합 신 한편에서는 디스를 삼가야 한다는 자성의 목소리가 나오기 시작했다. 늦은 감이 있었지만 꼭 행해져야 할 반성이었다.

내가 래퍼라면 어떤 사회적 이슈를 가지고 가사를 만들까?

어떤 래퍼들은 사회에서 일어나는 이런저런 일들을 가사로 표현하곤 한다. 부당하다고 생각하는 제도를 논하기도 하며, 국민의 안전에 해가 될 수 있는 상황을 다루기도 한다. 이런 노래를 접한 사람들은 그동안 미처 알지 못했던 문제나 알고는 있었지만 적극적으로 주의를 기울이지 않았던 현황에 대해 생각해 보게 된다.

직접적인 토론이 이뤄지는 것은 아니더라도 사회현상을 기록한 노래는 래퍼와 청취자의 견해를 공유하는 매개가 된다. 이런 노래는 특정 사건에 대한 경각심을 일깨우며 세상을 보는 시야도 넓혀 준다.

그렇다면 한번 내가 래퍼가 됐다고 가정해 보자. 그리고 사회적 이슈를 노래로 표현하는 상황을 생각해 보자. 어떤 문제를 선택해야 할까? 너무 어렵게 생각할 필요는 없다. 환경오염, 유기 동물 증가, 인종차별 같이 뉴스에서 자주 다뤄지고 있지만 좀처럼 개선되지 않는 옳지 못한 경향, 혹은 많은 사람이 걱정하는 일들을 찾아보면 좋을 듯하다. 이런 주제들은 다수의 공감을 충분히 이끌어 낼 것이다.

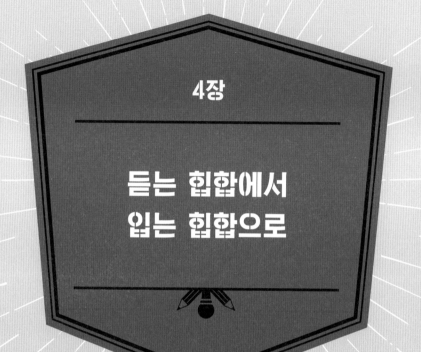

4장

듣는 힙합에서
입는 힙합으로

다시
헐렁한 차림으로

유행은 돌고 돈다. 특히 패션가에서 이 명제는 거의 진리나 다름없다. 2013년 겨울에는 일명 떡볶이 코트라고 불리는 더플코트가 드라마 〈응답하라 1994〉의 흥행 성공에 힘입어 인기 의류로 자리매김했다. 드라마 제목으로 추리해 볼 수 있듯 더플코트는 1990년대에 유행했던 옷이다. 그런가 하면 1980년대 중·후반 멋 좀 부린다는 사람들의 필수 아이템이었던 청 재킷이 2010년대를 사는 청소년들에게 다시 넓게 퍼졌다. 몇몇 운동화 브랜드는 1980, 90년대에 많은 사랑을 받은 모델들을 복원하고 있다. 지나간 트렌드는 반드시 언젠가 또 대중을 찾아온다.

이 명제는 힙합 패션에도 예외 없이 적용된다. 최근 몇 년 사이에 와이드 슬랙스가 유행하더니 청바지도 통이 넓은 제품이 나오기 시작했다. 우리나라에서는 흔히 볼 캡이라고 부르는 대드 해트[1]도 2014년 무렵부터 대대적으로 확산되면서 1990년대 초·중반 인기를 끌던 힙합 패션의 복귀 현상에 일조했다. 이와 함께 과거 발목까지 내려오는 것을 최고의 멋으로 치던 기다란 우븐 벨트[2]까지 성황을 이뤘다. 이로써 20여 년 전에 성행한 힙합 패션이 현재에도 유감없이 재현되는 중이다.

패션계 사람들은 이런 아이템들로 완성한 차림새를 올드 스쿨 룩old school looks이라고 칭한다. 올드 스쿨은 힙합 음악에서 발전 과정의 시기를 규정하는 용어로 사용되기에 힙합 패션을 서술하는 데에도 어울려 보인다. 또한 구식을 의미하는 일반적인 단어이기도 하기에 편하게 쓰이는 추세다.

언뜻 타당한 명칭처럼 느껴지지만 다른 시각에서 보면 적합하지 않은 표현이기도 하다. 힙합에서 올드 스쿨은 랩 음반이 공식적으로 출시되던 1979년부터 드럼 머신의 활용, 록 음악 성분의 추가 등으로 스타일의 전환을 맞이하기 전인 1983년 사이의 시기를 가리킨다. 현재 우리나라에서 올드 스쿨 룩이라고 일컫는 복장은 이

1 야구모자의 한 종류. 부드러운 천이 사용돼 각이 잡혀 있지 않으며 챙이 아치형으로 휘어져 있다.
2 폴리에스테르 섬유로 만드는 직물 벨트. 일반적인 벨트보다 훨씬 긴 길이로 제작된다.

때 존재하지 않았다. 이 시기 래퍼들과 디제이들은 오히려 몸에 딱 붙는 청바지, 가죽 재킷, 트레이닝복 등을 즐겨 입었다.

한국에서 올드 스쿨 룩으로 불리는 적당히 헐렁한 차림이 미국 내 힙합 패션의 동향으로 자리 잡은 시기는 1990년대 초반 몹 톱 크루Mop Top Crew, 미스피츠Misfits 같은 뉴욕시의 댄싱 팀이 힙합 댄스의 트렌드를 주도했을 때다. 이들을 비롯한 뉴욕의 댄서들은 이전까지 성행한 비보잉, 파핑, 로킹 같은 춤 대신 웨이브를 이용한 연속된 흐름, 댄서 개인의 자유로운 느낌에 중점을 두는 새로운 스타일을 선보였다. 이들의 춤에 매료된 일본 댄서들은 이 춤을 가리켜 '뉴욕 스타일'이라고 불렀다. 얼마 뒤부터는 '뉴 스타일'이라는 준말이 쓰였다.

뉴욕의 힙합 댄서들은 게스, 리바이스 청바지의 헐렁한 모델을 착용하거나 큰 치수를 입어 여유로운 맵시를 연출했다. 또한 토미 힐피거, 폴로 랠프 로런처럼 전문 디자이너가 만든 고급 브랜드 상품도 즐겨 입었다.

몹 톱 크루, 미스피츠 같은 이들의 패션은 얼마 뒤 일본 댄서들 사이에서 유행했다. 시간이 조금 지나 이를 우리나라 댄서들, 나아가 새로운 것에 민감한 젊은이들이 따라 하면서 오늘날 올드 스쿨 룩이라 부르는 패션 스타일이 국내에 정착하게 된다.

1990년대 후반 우리나라에서 힙합 패션은 두 가지로 경향이 갈렸다. 래퍼들을 비롯해 힙합 음악을 하는 사람들은 대체로 자기 체형보다 훨씬 큰 사이즈의 옷을 입곤 했다. 이와 달리 춤추는 데 옷이 거추장스럽지 않아야 하는 댄서들이나 유행에는 동참하고 싶지만 과하게 큰 옷은 부담스러운 보통 사람들은 어느 정도 헐렁한 느낌만 나는, 오늘날 올드 스쿨 룩이라고 부르는 차림을 선택했다. 그 시절 사람들은 전자의 스타일을 '리얼 힙합'으로, 후자는 절반 사이즈라는 뜻에서 '세미 힙합'이라고 불렀다. 이런 용어들은 콩글리시이자 국내에서만 사용되는 비공식 명칭이다.

새로운 흐름이나 양상에는 반드시 이름이 붙기 마련이다. 그 특별한 모습을 구체적으로 설명하기에 앞서 간단한 묘사가 필요하기 때문이다. 옛날에 유행한 꾸밈새를 두루뭉술하게 칭하는 점에서는 구식이라는 뜻을 나타낸 올드 스쿨 룩이라는 말도 맞다. 하지만 힙합 문화에서는 1990년대를 올드 스쿨로 규정하지 않는다. 저 패션을 선도했던 댄서들의 춤은 뉴 스타일 힙합 댄스로 불린다. 힙합을 좋아하는 사람들은 이런 사실들을 생각하면서 유행과 명칭을 분별해 받아들여야 할 것이다.

시대에 따라 모습을
달리해 온 힙합 패션

1980년대 초반 힙합이 급부상함에 따라 디제이, 래퍼, 댄서들에게
스포트라이트가 쏟아졌다. 젊은 세대는 그들처럼 옷을 입으며 멋
을 부리고 싶어 했다. 원색의 트레이닝복, 가죽 재킷, 양털이 달린
항공 점퍼가 당시 뉴욕 거리 곳곳을 수놓았다. 캉골 브랜드의 벙거
지와 헌팅캡, 독일의 고급 선글라스 브랜드 카잘에서 나온 커다란
뿔테 안경도 인기였다. 운동화에는 일명 왕 끈이라고 칭하는 넓은
신발 끈을 매는 것이 정석으로 통했다.

　런-디엠시는 당시 힙합 패션의 아이콘이나 다름없다. 1983년
데뷔해 이름을 알려 나가던 그룹은 1986년 빌보드 싱글 차트 4위
를 기록한 「Walk This Way」로 폭발적인 인기를 얻게 된다. 이로써
그룹이 거의 유니폼처럼 착용하던 아디다스 트레이닝복, 아디다스

슈퍼스타 운동화, 가죽점퍼, 검은색 중절모가 널리 유행했다.

퍼블릭 에너미의 멤버 플레이버 플래브Flavor Flav는 눈에 띄는 소품으로 개성을 확보하는 동시에 자신의 철학까지 표현했다. 그는 1987년 데뷔 때부터 큼지막한 시계를 목에 걸고 다녀 대중의 시선을 끌었다. 우스꽝스러워 보이긴 했지만 여기에는 '우리 삶에서 가장 중요한 것 중 하나가 시간이기에 일분일초를 가치 있게 보내야 한다'는 진중한 소신이 깃들어 있었다. 플레이버 플래브만의 특별한 장식은 튀어 보이는 것과 건전한 주장의 전달, 두 마리 토끼를 다 잡았다.

1980년대 후반부터 퀸 라티파, 엑스 클랜 같은 래퍼들은 흑인들이 백인들의 통제에서 독립해야 한다는 흑인 민족주의에 영향을 받아 아프리카의 전통 복장을 하곤 했다. 또한 이들을 비롯해 솔트-앤-페파Salt-N-Pepa, 프로페서 그리프Professor Griff, 데드 프레즈Dead Prez 같은 래퍼들은 국제 흑인 지위 향상 협회Universal Negro Improvement Association의 깃발 색에 착안해 빨강, 검정, 녹색이 들어간 옷을 입거나 이 색으로 이뤄진 액세서리를 착용하기도 했다.

이 무렵에는 퀸 라티파의 『All Hail the Queen』, 스쿨리 디Schoolly D의 『Am I Black Enough for You?』, 포원파이브415의 『41Fivin』, 힙합 신의 거물 제이-지Jay-Z의 멘토로 유명한 재즈The Jaz의 『To Your Soul』, 어 트라이브 콜드 퀘스트A Tribe Called Quest의 『The Low End

Theory』처럼 표지 디자인에 국제 흑인 지
위 향상 협회의 깃발 색을 사용한 음반도
여럿 출시됐다.

국제 흑인 지위 향상 협회에 따르면 빨
간색은 자유와 구원을 위해 흘린 피를, 검
은색은 고결하고 기품 있는 그들의 피부

국제 흑인 지위 향상 협회의 깃발.

색을, 녹색은 식물이 무성한 아프리카 대지를 의미한다고 한다. 본
래 삶의 터전이었던 아프리카와 자유를 쟁취하는 과정에서 발생한
형제자매들의 희생을 마음에 새기자는 뜻을 힙합 뮤지션들은 옷과
음반으로도 표명했다.

복장에는 과시하고 싶은 심리가 반영되곤 한다. 1990년대 초반
뉴욕시의 힙합 댄서들이 토미 힐피거, 폴로 랠프 로런 같은 전문
디자이너의 브랜드를 선호한 배경에는 소위 있어 보이려는 욕구가
자리한다. 경제적으로 넉넉하지 않고 거리에서 춤을 추지만 자신
들도 얼마든지 비싼 옷을 입을 수 있다는 우쭐거림의 메시지가 서
린 옷차림인 셈이다. 이 브랜드들은 출범 초기 프레피 룩preppy looks[3]

3   미국에서 명문 사립대학 진학을 목표로 하는 사립 고등학교를 부르는 말인 프리패러터
    리 스쿨preparatory school에서 유래됐다.

을 지향했다. 프레피 룩은 미국 명문 사립학교 학생들이 주로 입는 단정하면서도 고급스러운 복장을 가리킨다. 따라서 흑인들이 토미 힐피거, 폴로 랠프 로런 같은 고가의 옷에 집착한 것은 경제적으로 더 나은 계급을 향한 동경이 반영된 모습이기도 하다.

군복도 힙합 패션의 역사에서 당당히 한 자리를 차지한다. 1990년대 들어 뉴욕시를 포함한 미국 동부에서는 둔탁한 드럼 비트와 공격적인 노랫말을 주요 속성으로 하는 하드코어 힙합이 번창했다. 당시 하드코어 힙합을 하는 뮤지션들 중에 다스 이펙스Das EFX, 스미프―앤―웨슨Smif-N-Wessun, 그레이브디가즈Gravediggaz 같은 이들이 군복을 빈번하게 입었다. 거친 음악에 맞춰 남성성과 센 이미지를 부각하려는 의도에서였다. 또 다른 그룹 킬아미Killarmy는 음악 성향도 하드코어 힙합이었지만 전쟁, 테러리즘을 가사의 주된 제재로 삼아서 거의 늘 군복을 입고 활동했다. 장르의 특수성, 노래의 콘셉트가 복장에도 영향을 미친다는 것을 일러 주는 본보기다.

군복은 래퍼들뿐만 아니라 일반 흑인들도 즐겨 입었다. 오닉스Onyx의 「Throw Ya Gunz」, 다 디스펑크셔널 패밀리Da Dysfunkshunal Familee의 「New Ruff Flava」, 로스트 보이즈Lost Boyz의 「Lifestyles of the Rich & Shameless」 등 그때 활동한 하드코어 힙합, 동부 힙합 뮤지션들의 뮤직비디오를 보면 군복을 걸친 엑스트라들을 어렵지 않게 확인할 수 있다. 군에 갔다 온 지인을 통해 공짜로 얻을 수 있었고, 가

격도 그리 비싸지 않아서 구매하는 데에 부담이 적었기 때문이다. 게다가 원단의 품질이 우수하고 활동성도 좋아서 군복을 입는 사람이 많았다.

1990년대 초·중반에는 1989년 설립된 신생 브랜드 크로스 컬러스Cross Colours가 힙합 뮤지션들과 흑인들 사이에서 유독 큰 사랑을 받았다. 국내에 정식으로 들어오지는 않았지만 현진영이 「흐린 기억 속의 그대」와 「너는 왜 (현진영 Go 진영 Go)」로 방송 활동을 할 때 자주 입어 우리나라에도 이름이 어느 정도 알려졌다. 크로스 컬러스는 이름에 어울리게 모든 제품에 여러 원색을 사용했다. 이런 특징 때문에 크로스 컬러스의 옷과 액세서리는 무척 화려했다.

하지만 그저 색상의 요란스러움만 추구한 것은 아니다. '편견 없는 옷'을 슬로건으로 내건 크로스 컬러스는 옷과 액세서리에 "인종차별은 모든 사람을 아프게 합니다Racism Hurts Everybody", "사랑은 피부색을 가리지 않습니다Love Sees No Color", "거리에 평화를!Peace on the Block!", "당신의 동네를 경멸하지 마세요Don't Dis Yo Hood" 같은 문장을 새김으로써 제품을 정치사회적 구호가 담긴 플래카드로 승화시켰다. 다양한 색깔의 디자인은 인종의 용광로라 불리는 미국을, 상표의 이름은 각양각색의 사람들이 융화해 살아가는 이상향을 은유적으로 나타낸 셈이었다.

크로스 컬러스의 또 다른 특징은 비교적 큰 사이즈였다. 윌 스미스, 티엘시TLC, 메리 제이 블라이즈Mary J. Blige 같은 힙합, 리듬앤드블루스 뮤지션들은 물론 권투 선수 무하마드 알리Muhammad Ali, 농구 선수 매직 존슨Magic Johnson, 배우 제이미 폭스Jamie Foxx 등 다양한 분야의 흑인 스타들이 크로스 컬러스를 두루 입음으로써 자연스럽게 오버사이즈 바지가 유행하게 된다. 밑위길이가 보통 바지보다 길어서 헐렁한 느낌이 나는 프랑스 브랜드 마리떼 프랑소와 저버의 배기팬츠baggy pants[4]가 1980년대 초반부터 미국에서도 유행하기 시작했으나 크로스 컬러스가 그보다 통이 더 넓은 바지를 선보였다. 1990년대 초반 또 다른 신생 의류 브랜드 칼 카니와 가죽 의류를 전문으로 제작하던 펠레 펠레도 큰 사이즈의 옷 시장에 합류한다. 이로써 소위 힙합 바지로 통하는 통이 넓은 배기팬츠가 더욱 성행하게 된다.

오버사이즈 배기팬츠는 남성들만의 전유물이 아니었다. 티엘시를 비롯해 엠시 라이트MC Lyte, 알리야Aaliyah, 요요Yo-Yo, 다 브랫Da Brat 같은 여성 힙합, 리듬앤드블루스 뮤지션들도 즐겨 입었다. 이들은 큰 사이즈의 청바

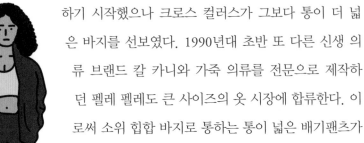

4 밑위길이가 길고 허벅지 통은 넉넉하면서 아래로 갈수록 통이 점점 좁아지는 바지.

지에다 군화나 투박한 작업용 부츠를 신어 거친 이미지를 연출했다. 몇몇 가수는 상의를 탱크톱이나 스포츠 브래지어로 코디하곤 했다. 여성으로서 차별화를 기하는 한편 성적 매력을 표하기 위함이었다.

크로스 컬러스, 칼 카니, 펠레 펠레가 성공함에 따라 에코 언리미티드, 러그즈, 메카, 푸부 등 흑인 젊은이들을 타깃으로 한 세련된 스트리트 웨어 브랜드들이 속속 생겨났다. 심지어 스포츠 웨어 회사 스타터, 헬리 핸슨도 힙합 스타일의 옷을 내놓는 데에 합류했다. 이 순간부터 힙합 의류 시장은 과거에 비해 훨씬 거대해진다.

래퍼들도 의류 사업에 진출하며 힙합 패션의 확산에 기여했다. 1991년 「O.P.P.」의 히트로 미국 전역에 이름을 알린 3인조 너티 바이 네이처Naughty by Nature는 이듬해 자신들의 로고를 박은 의류 상품 너티 기어를 출시했다. 얼마 뒤에는 우-탱 클랜Wu-Tang Clan이 우-웨어를 선보였다. 1990년대 후반 들어서는 당시 퍼프 대디라는 예명을 쓴 프로듀서 겸 래퍼 숀 콤스Sean Combs의 숀 존, 제이-지의 로카웨어 등이 출범해 힙합 패션의 판이 더욱 넓어졌다.

이런 브랜드들의 제품은 값이 제법 나갔다. 비싼 가격으로 고급스러움을 어필하기 위함이다. 1990년 칼 카니 청바지는 70달러에 판매됐다. 1995년 너티 기어의 아이스하키 티셔츠는 60달러에, 사각 팬티는 25달러에 판매됐다. 이 무렵 미국 달러 대비 원화 환율은 1달러당 800원대였다. 우리 돈으로 환산하면 팬티 한 장에 2만 원이나 한 것이다. 미국 코미디언 크리스 록Chris Rock은 자신의 유년 시절 경험을 바탕으로 만든 시트콤 〈에브리바디 헤이츠 크리스Everybody Hates Chris〉의 한 에피소드에서 "래퍼들이 의류 브랜드를 열기 전에는 옷 한 벌을 40달러 이하에 살 수 있었다"는 내레이션을 실어 힙합 의류 브랜드들의 고가 책정을 비꼬기도 했다.

그럼에도 이런 옷들은 날개 돋친 듯 잘 팔렸다. 힙합 음악이 어마어마한 인기를 끌면서 힙합 패션도 대대적으로 유행했기 때문이다. 내 주변 사람이 다 입고 있으니 소외감을 느끼지 않으려면 나도 입어야 했다. 어떤 상품이 유행할 때 그 경향에 동조해 같은 상품을 구매하는 인구가 늘어나는 밴드왜건 효과bandwagon effect를 읽을 수 있는 풍경이다.

그런가 하면 열세 살에 데뷔한 꼬마 듀오 크리스 크로스Kris Kross는 발상의 전환으로 힙합 패션 역사에서 인상적인 순간을 기록했다. 이들 역시 여느 래퍼들처럼 큰 사이즈의 바지와 상의를 입었다. 하지만 여기에 획기적인 아이디어를 더해 유례없는 참신함을 나타냈다. 크리스 크로스는 1992년 데뷔곡 「Jump」를 발표했을 때 마치 목이 돌아간 것처럼 옷의 앞뒤를 거꾸로 입는 스타일을 감행했다. 복장이 너무 우스꽝스러웠기에 이렇게 입고 거리를 나서는 옷의 앞뒤를 거꾸로 입는 스타일을 선보인 크리스 크로스.

사람은 별로 없었다. 따라서 유행으로 연결되지는 않았다. 그럼에도 크리스 크로스는 튀는 옷차림 덕에 많은 사람에게 확실히 눈도장을 찍을 수 있었다. 인지도가 급상승하니 노래도 빠르게 히트했다. 튀는 아이디어가 성공으로 이어질 수 있다는 것을 이들을 통해 재차 실감하게 된다.

1990년대 중반부터 2000년대에 이를 때까지는 장식품 활용이 힙합 패션의 굵직한 경향으로 자리 잡았다. 엘엘 쿨 제이LL Cool J는 1995년 「Hey Lover」 뮤직비디오에서 바지 한쪽을 무릎 아래까지 걷어 올리는 차림을 선보였다. 이 패션은 노래가 히트하면서 많은 사람에게 퍼졌다. 시원해 보여서 좋긴 했지만 움직이다 보면 바짓단이 저절로 내려가는 것이 문제였다. 이를 방지하기 위해 어떤 이들은 걷어 올린 바짓단에 손수건을 둘렀다. 내려가는 바지를 다시 걷어 올리는 번거로움을 덜려고 찾은 이 방식은 의도치 않게 패션에 포인트를 만들어 줬다. 바지 한쪽을 걷어 올리는 차림에는 밝은 색, 호화로운 무늬의 손수건을 두르는 것이 유행하게 됐다.

이와 더불어 1990년대 후반부터는 머리에 밀착하는 나일론 재질의 두건을 착용하거나 두건 위에 모자 브랜드 뉴 에라 캡 컴퍼니의 피티드 해트[5]를 쓰는 코디네이션이 빅 사이즈 힙합 패션과 함께했다. 농구 팀이나 미식축구 팀의 유니폼 상의도 이 시기 인기 아이템으로 활용됐다.

2000년대에 들어서는 슈프림, 볼컴, 이메리카, 서카 같은 스케이트보드 의류 브랜드들이 부상하면서 거리 패션의 경향이 바뀌게 된다. 이때부터 적당히 여유 있거나 본래 자기 체형에 딱 맞게 입는 방식이 인기를 끌었다. 이런 복장은 1980년대의 힙합 패션 동향과 일정 부분 유사하다.

2010년 무렵부터는 챙을 구부리지 않고 쓰는 스냅백[6]이 힙합 패

5   챙이 빳빳하게 펴져 있는 각 잡힌 야구 모자. 사이즈 조절이 불가능해 머리 치수에 맞춰 구입해야 한다. 회사 로고와 사이즈가 인쇄된 스티커를 떼지 않는 것이 피티드 해트를 쓰는 격식처럼 여겨진다.

션의 상징으로 자리매김했다. 스냅백 역시 1980년대 후반에서 1990년대에 사랑받은 아이템이다. 당시 인기 상품이었던 야구 모자들이 최근 3~4년 사이 대세가 된 현상은 '유행은 항상 돌고 돈다'는 패션계에서 진리로 통하는 명제를 되새김하게 만든다.

힙합 패션의 상징으로 자리매김한 스냅백.

최근에는 릴 웨인Lil Wayne, 위즈 칼리파Wiz Khalifa, 키드 커디Kid Cudi, 에이샙 로키A$AP Rocky처럼 몸에 딱 붙는 스키니진을 입는 래퍼들을 종종 볼 수 있다. 1980년대에 많은 남성 헤비메탈heavy metal 뮤지션이 스키니진을 입곤 했지만 이 바지는 예나 지금이나 대체로 여성들이 즐겨 입는다. 다수의 래퍼가 여성의 전유물처럼 여겨지는 옷을 수용한 광경에서 오늘날 힙합 패션의 유니섹스[7] 경향을 엿보게 된다. 또한 이 현상은 큰 옷을 떠올리는 힙합 패션에 대한 통념을 미미하게나마 깨뜨리는 움직임이기도 하다.

6   똑딱단추로 사이즈를 조절해서 쓰는 야구 모자. 전체적인 모양새는 피티드 해트와 비슷하다.
7   복장이나 헤어스타일에서 남녀의 구별이 없어지는 현상.

찰스 해밀턴Charles Hamilton, 타일러 더 크리에이터Tyler, the Creator, 치프 키프Chief Keef 같은 래퍼들이 분홍색 계열의 옷을 즐겨 입는 것도 비슷한 맥락으로 바라볼 수 있다. 분홍색은 동서양을 막론하고 대개 여자아이에게 권해지는 색이다. 19세기 유럽에서는 남자아이에게 분홍색 옷을 입히기도 했으나, 제2차 세계대전이 끝난 1940년대 중반 이후 유럽 여러 나라와 미국에서 공중화장실의 성별 픽토그램[8]을 여자는 분홍색, 남자는 파란색으로 채색하면서 분홍색은 여성의 색이라는 관념이 굳어졌다. 따라서 분홍색 옷을 입는 남성 래퍼가 늘어나는 상황 역시 힙합 패션에서만큼은 남성성을 나타내는 일이 점차 사라지고 있다고 해석해 볼 만하다.

8 사물이나 시설, 행위 등을 사람들이 쉽게 알아볼 수 있도록 간결하게 상징화한 그림 문자.

힙합 패션을 못마땅하게
보는 어른들의 시선

"어이구, 저것 좀 봐. 바지로 아주 길바닥을 쓸고 다니네?"

한때 어른들이 힙합 바지를 입은 아이들을 가리키며 자주 내뱉곤 했던 말이다. 1990년대 들어 댄스 가수들, 힙합 뮤지션들에 의해 우리나라에도 큼지막한 옷을 입는 패션이 정착하기에 이른다. 허리 치수 36인치 이상은 기본으로 헐렁함을 넘어 포대를 두른 것처럼 보이는 통이 넓은 바지가 힙합 마니아들과 젊은 세대 사이에서는 멋으로 통했다.

그런데 과도하게 큰 바지를 입으니 밑단이 바닥에 끌리는 게 문제였다. 길이를 줄이면 힙합 바지 특유의 느낌이 살지 않아서 폼을 우선에 두는 사람들은 수선을 하지 않았다. 대신 옷핀, 고무줄, 압정 등 이런저런 소품을 이용해 끌림을 방지했다. 더러는 힙합 바지의 흘러내림을 잡아 줄 수 있는 부츠나 안전화, 나이키의 에어 포스 원 농구화를 신기도 했다. 그럼에도 바지가 바닥에 끌리면 어른들로부터 여지없이 청소부나 빗자루라는 말을 들었다.

1990년대 후반부터는 똥 싼 바지라는 표현도 나왔다. 사이즈를 크게 입기도 하거니와 원래 밑위길이가 길게 제작되다 보니 마치 바지에다 똥을 싼 것 같다고 해서 생겨난 명칭이다. 이 때문에 힙합 바지를 입으면 종종 괜한 오해를 사기도 했다. 유머러스한 이름이었지만 이로 인해 힙합 바지는 깔끔하지 못한 패션의 상징이 됐다.

비슷한 시기에 디제이 디오씨DJ DOC나 알이에프R.ef, 미국 여성 흑인음악 뮤지션들의 차림을 흉내 낸 룰라의 채리나, 영턱스클럽의 여성 멤버들에 의해 힙합 바지에 꽉 끼는 민소매나 쫄티를 매치하는 패션도 유행했다. 이 차림은 상의 길이는 짧고 바지는 골반에 걸치는 탓에 팬티의 밴드 부분이 드러나는 경우가 많았다. 이 때문에 보는 사람은 물론 입는 사람도 민망함을 느낄 만했다. 하지만 남의 시선을 즐기는 사람들은 외국의 유명 브랜드 팬티를 입고 더 당당하게 속옷 노출을 감행했다.

젊은이들에게는 유행이고 멋이었지만 기성세대의 눈에는 전혀 아니었다. 속옷을 드러낸 모습을 본 어른들은 망조라며 혀를 차기 일쑤였다. 1997년 초 교육부는 힙합 바지, 체형에 맞지 않는 큰 신발, 과하게 긴 벨트 등을 학생 생활지도 단속 항목으로 발표하기도 했다. 기성세대는 힙합 패션을 영 못마땅하게 여겼다.

힙합 패션에 곱지 않은 시선을 보내는 건 자유의 나라로 통하는 미국도 마찬가지였다. 2000년대에 들어 미국에서는 새깅sagging이 이따금 논란을 불러일으키고 있다. 흔히 새기 팬츠saggy pants라고 부르는 이 차림은 팬티가 보이게끔 바지를 허리 아래에 걸쳐 입는 것을 일컫는다.

많은 사람이 문제 삼는 부분은 노출의 정도다. 속옷이 살짝 보이는 수준이면 몰라도 3분의 2 이상을 훤히 드러내는 과도한 노출 때문에 거북하다는 의견이 많다. 버락 오바마는 2008년 대선 후보였을 때 "누군가는 당신의 속옷을 보고 싶지 않을 것이다. 나 역시 그들 중 하나다"라며 새기 팬츠에 대해 공개적으로 반감을 표하기도 했다.

일부 지방정부에서는 새기 팬츠를 금지하는 법안을 속속 내놓고 있다. 2007년 루이지애나주 델캄버시는 속옷이 보이도록 바지를 입는 것에 대해 성기 노출 죄를 적

과도하게 속옷이 노출된 새기 팬츠 스타일.

용하는 법령을 제정했다. 2008년 조지아주의 하히라시도 공공의
안전이라는 명목으로 바지를 내려 입는 것을 금지했다. 2014년부
터 플로리다주 오칼라시에서 새기 팬츠를 입다 적발되면 6개월 동
안 수감되거나 벌금 500달러를 물어야 한다. 이외에도 조지아주의
올버니시, 뉴저지주의 와일드우드시 등 새기 팬츠를 금하는 지역
은 점차 증가하는 추세다.

몇몇 항공사도 새기 팬츠를 엄격하게 규제하고 있다. 2011년 뉴
멕시코대학교의 미식축구 선수 데숀 마먼Deshon Marman은 바지를 올
려 입어 달라는 승무원의 요청을 무시했다가 비행기 탑승을 거부
당했다. 같은 해 미국의 인기 록 밴드 그린 데이Green Day의 리드 보
컬 빌리 조 암스트롱Billie Joe Armstrong도 같은 이유로 비행기에서 내쫓
겼다.

한편 전미 유색인종 지위 향상 협회는 이러한 제재가 젊은 흑인
남성들을 표적으로 삼았다면서 명백한 인종차별이라고 여러 차례
주장했다. 이와 같은 패션이 주로 힙합 문화에서 나타나며, 힙합의
발원지가 흑인 사회이기 때문이다. 하지만 2007년 델캄버시의 시
장은 "백인들도 새기 팬츠를 입는다"면서 인종차별적인 조치가 아
님을 강조했다. 백인인 빌리 조 암스트롱도 제지당한 사례가 있으
니 전반적인 상황을 헤아렸을 때 흑인만을 탄압하려고 만든 규정은

아닌 셈이다.

사실 새깅의 대유행을 선도한 사람은 흑인이 아닌 백인이었다. 지금은 할리우드 대표 배우가 된 마크 월버그Mark Wahlberg는 래퍼 마키 마크Marky Mark로 연예계에 입문했다. 1991년 데뷔곡 「Good Vibrations」가 빌보드 싱글 차트 1위에 오르며 큰 인기를 얻은 그는 이듬해 캘빈 클라인의 속옷 광고를 촬영하게 된다. 팬티가 훤히 드러나도록 청바지를 내려 입고 찍은 광고 영상이 전국에 전파되면서 이 패션이 많은 사람에게 알려졌다. 1991년 데뷔 때에도 이미 팬티가 보이는 패션을 선보였지만, 이번에는 힙합 애호가들이 아닌 일반 대중에게도 그 모습이 전달돼 파급이 더 컸다.

물론 마키 마크가 새깅의 시초는 아니다. 앞서 언급했듯이 이 무렵 큰 사이즈를 입는 스타일이 널리 유행했고, 큰 옷을 입다 보니 자연스럽게 속옷이 보이게 됐을 것이다. 따라서 미국의 교도소에서 자살이나 상해의 도구가 될 것을 우려해 죄수들에게 벨트를 지급하지 않은 탓에, 흘러내리는 옷을 입어야 했던 죄수들의 복장이 새깅의 기원이라는 견해는 신빙성이 떨어져 보인다. 몇몇 패션 관련 역사가도 죄수들의 옷차림에 착안했다는 주장이 명확하지 않다고 말한다. 발원은 제대로 밝혀지지 않았지만 새깅은 2000년대 초반까지 많은 이가 즐겨 입어 힙합 패션의 상징 중 하나가 됐다.

한동안 밀려나 있던 새깅은 패션 경향의 순환 현상에 따라 어느

덧 젊은 세대가 누리는 트렌드의 한복판에 다시 들어섰다. 시대의 자연스러운 흐름을 막겠다니 젊은이들 사이에서 불만의 목소리가 나오는 것이 당연하다. 게다가 패션은 개성과 취향을 드러내는 수단이다. 새기 팬츠를 즐겨 입는 이들은 금지 법률이 표현의 자유를 억압한다며 답답함을 호소한다. 더불어 이런 패션이 누군가를 다치게 하는 것도 아니라고 말한다. 그렇다. 새기 팬츠는 결코 물리적 폭력을 행사하지 않는다.

그러나 개성이 각양각색이듯 호불호도 개인마다 다르다. 새깅을 멋있다고 생각하는 사람도 있겠으나 좋지 않게 여기는 사람도 있을 것이다. 후자에 해당하는 이들에게 새기 팬츠는 시각적 폭력이 된다. 공공장소라든가 많은 사람이 이용하는 시설에서 새기 팬츠 복장을 한 사람의 출입을 제한하는 것은 취향이 제각각인 불특정 다수를 위한 배려이자 최소한의 대처다.

흔히들 패션의 완성은 불편이며 인내라고 얘기한다. 평상시와 다르게 멋을 부리게 되면 거추장스러운 느낌이 들 수밖에 없기 때문에 나온 말이다. 더구나 보편적이지 않은 독특한 차림은 실용성이 떨어지는 경우가 많다. 새깅 역시 바지를 엉덩이에 걸치다시피 해서 움직이기에 불편한 것이 사실이다.

패션의 불편함과 인내는 어디까지나 옷을 입는 사람의 몫이어야 한다. 다른 사람이 보기에 거북하다면 그것은 자신의 만족만 생각하고 다른 이의 유익은 헤아리지 않는 이기주의에 지나지 않는다. 인간은 다른 사람과 끊임없이 관계를 맺으며 살아가는 사회적 동물이다. 우리에게는 나의 개성을 존중받을 자격이 있지만 동시에 다른 이의 취향을 소중히 여길 의무도 있다.

후드 티,
살인을 부르는 씨앗

2015년 미국 오클라호마주에서 후디를 금지하는 법안이 추진돼 논란이 일었다. 우리나라에서는 흔히 후드 티라고 불리는 이 모자 달린 티셔츠가 범죄에 악용될 소지가 있다는 이유로 금지법 제정이 제기된 것이다. 소식이 보도되자 지역 주민들 사이에서는 "어처구니없는 법이다", "이제는 옷 입을 자유까지 빼앗으려 한다" 등의 항의가 빗발쳤다.

법안을 제출한 돈 배링턴Don Barrington 공화당 상원 의원은 얼굴을 가릴 수 있는 후드 티의 특성이 범죄와 관련이 있다면서 공공의 안전을 위해 착용을 금지할 필요가 있다고 주장했다. 범죄 가능성을 애초에 차단하겠다는 의도다. 이 법안에는 공공장소에서 신분을 감출 목적으로 후드 티의 모자를 뒤집어쓸 경우 벌금 500달러를 부과한다는 세부 조항까지 달았다.

뜻은 좋지만 참으로 황당한 의안이다. 후드 티는 모자 덕분에 보온성이 좋고, 디자인도 무난한 데다 활동하기 편해서 많은 사람이 즐겨 입는 일상생활의 옷이 된 지 오래다. 2000년 이후 스케이트보드 브랜드들을 필두로 한 스트리트 패션이 또다시 유행하면서 후드 티를 입는 젊은이들이 더욱 많아졌다. 웬만한 사람은 다 입는 옷을 규제하겠다고 하니 기가 차는 것이 당연하다.

법안에는 '신분을 감추기 위해'라는 조건이 붙긴 했다. 추위로부터 몸을 보호하거나 특별한 행사 때문에, 혹은 종교적 신념 등 기타 무해한 이유로 착용하는 것은 허용된다고 했다. 그런데 후드 티의 모자를 쓴 사람이 신분을 감출 목적으로 썼는지 아닌지는 그 사람을 검문해 봐야 알 수 있다. 결국 이 법안은 모자를 뒤집어쓴 사람 모두를 용의자 내지는 예비 범죄자로 간주하겠다는 선언이나 다름없다. 후드 티를 입은 사람의 의도나 생활에서의 쓰임보다 국가 차원의 통제를 우선에 두는 처사인 것이다.

법안이 통과되면 소극적이든 적극적이든, 단속이 시행될 것이 불 보듯 뻔하다. 그렇게 되면 후드 티 착용을 감시하는 사람의 의무와 입는 사람의 자유, 서로 다른 두 입장이 맞붙으면서 갈등을 빚을 공산이 크다. 이 과정에서 당사자 간의 물리적 충돌, 나아가 공권력의 무력행사가 발생할 수도 있다. 후드 티 금지법은 일반인

옷차림에 제재를 가하는 것이 과연 범죄 예방을 위한 최선의 선택일까?

과 특정 공무원 간의 분쟁을 키우는 씨앗일지 모른다.

불행히도 흑인 사회는 법이 제정되기도 전에 후드 티로 인한 아픔을 이미 경험했다. 그 고통을 알리고자 수백 명의 흑인이 후드 티를 입고 2012년 3월 21일 뉴욕시 맨해튼의 유니언 스퀘어 공원에 모였다. 집회의 이름은 '군중의 후디 행진Million Hoodie March'. 플로리다주에서 같은 해 2월 26일에 사망한 17세 흑인 소년 트레이본 마틴Trayvon Martin을 추모하기 위해서였다.

사건 당일 밤 트레이본 마틴은 편의점에서 음료수와 사탕을 산

힙합은 어떻게 힙하게 됐을까?

뒤 집으로 돌아가는 길에 동네 자율 방범대원으로부터 검문을 받았다. 검문을 당할 이유가 없었던 트레이본 마틴은 항의하며 방범대원과 몸싸움을 벌였다. 물리적 충돌이 심해지자 방범대원은 급기야 지니고 있던 총을 발사했다. 트레이본 마틴은 그 자리에서 숨을 거뒀다.

방범대원이 트레이본 마틴을 수상하게 여긴 근거는 단순하기 짝이 없었다. 늦은 시간에 흑인이 후드 티를 뒤집어쓰고 인적 드문 길을 걷는다는 것이 이유였다. 흑인에 대한 부정적인 선입견과 후드 티에 대한 편견이 살인으로 이어진 셈이다. 트레이본 마틴 피살 사건은 특정 의류, 옷차림에 제재를 가하는 것이 다수의 생명을 보호하는 데 최선의 수단이 될 수 있을지 깊이 생각해 보게끔 한다.

블링블링, 화려함에 가려진
사회의 어두운 면

1980년대에는 래퍼들 사이에서 금으로 된 장신구를 걸치는 것
이 유행했다. 특히 런-디엠시가 큰 인기를 얻으면서 그들의 대표
아이템이었던 굵은 금목걸이가 대세 액세서리로 자리매김했다.
1989년 「Children's Story」로 유명해진 슬릭 릭Slick Rick은 커다란 금
목걸이 여러 개를 주렁주렁 걸치고 다녔다. 더러는 금으로 된 왕관
까지 썼다. 다른 이들보다 더 잘나간다는 것을 과시하려는 의도다.
금목걸이는 래퍼들에게 높은 지위, 부의 상징으로 통했다.

1990년대 중반을 지나면서부터 장신구 트렌드에 변화가 찾아온
다. 이즈음 많은 래퍼가 순금보다 더 화려하게 빛나는 백금이나 다
이아몬드를 몸에 둘렀다. 래퍼들은 이런 차림을 블링블링이라고
표현했다. 보석이 빛에 반사돼 반짝이는 순간을 형상화한 의성어

블링bling에서 착안한 신조어였다.

블링블링이라는 명칭은 루이지애나주 출신의 래퍼 비지B.G.가 1999년에 발표한 「Bling Bling」이 히트하면서 주류의 유행어로 등극하게 됐다. 얼마 뒤 우리나라 래퍼들도 이 표현을 가사에 담기 시작했고, 패션 전문지라든가 옷이나 귀금속을 판매하는 홈쇼핑 방송에서 많이 언급함으로써 국내 대중에게 익숙해졌다. 이후 타루의 「Bling Bling」, 달샤벳의 「블링블링」, 아이콘의 「Bling Bling」처럼 노래 제목으로도 사용될 만큼 흔한 표현으로 정착했다.

많은 이가 블링블링이라는 말을 즐겁게 사용했지만 고가의 귀금속을 걸치는 트렌드는 몇몇 이에게 부도덕한 탐욕을 불러일으키기도 했다. 1980년대에 힙합 뮤지션들이 너도나도 금목걸이를 걸고 나타나면서 많은 흑인 젊은이에게 금목걸이는 소유하고 싶은 일등 아이템이 됐다. 차곡차곡 돈을 모아 금목걸이를 사는 사람도 있었지만 다른 누군가가 차고 있던 금목걸이를 날치기하는 사람도 적잖았다. 그때 흑인들이 주로 거주하는 지역에서 금목걸이 도둑질이 자주 발생했던 것처럼 블링블링이 뜰 때도 스타 래퍼들처럼 꾸미고 싶은 마음에 보석을 훔치거나 강도질을 벌이는 이가 많았다. 이 때문에 블링블링 문화가 청년들의 범죄를 부추긴다는 지적도 나온다.

2006년 개봉한 리어나도 디캐프리오Leonardo DiCaprio 주연의 스릴러 영화 〈블러드 다이아몬드Blood Diamond〉가 제목으로 나타냈듯 '피의 다

돈이 많다는 것을 뽐내기 위해 래퍼들은 다양한 장신구를 착용한다.

이아몬드'라는 말이 있다. 피의 다이아몬드란 시에라리온, 콩고, 앙골라 같은 아프리카의 분쟁 지역에서 반군이나 정부군이 무기 구입 자금을 마련하기 위해 밀반출하는 다이아몬드를 일컫는다. 다이아몬드를 채굴하는 과정에서 현지인들이 극심한 착취를 당하고, 다이아몬드 매장 지역을 차지하려는 쟁탈전으로 인해 수많은 사상자가 발생하는 사실에서 기인한 서글픈 묘사다. 2005년 제작된 단편 다큐멘터리영화 〈블링: 결과와 영향Bling: Consequences and Repercussions〉에서 내레이션을 맡은 퍼블릭 에너미의 척 디는 래퍼들이 착용하는 다이아몬드가 그곳에서 나온 피 묻은 다이아몬드일 수도 있다면서 고급 장신구를 선호하는 패션이 전쟁, 살인, 노예제도를 끊이지 않게 한다고 말하기도 했다.

그 옛날 래퍼들이 금붙이로 치장하던 모습이나 블링블링이나 안에 서린 의미는 똑같다. 모두 자신이 잘나가고 돈이 많다는 것을 뽐내고자 함이다. 어떤 이는 래퍼들의 이런 모습을 보고 자기도 그들처럼 성공하겠다는 야망을 품기도 했다. 빈곤층이 많은 흑인 사회에서 귀금속으로 치장한 래퍼들이 자수성가의 롤 모델이 된 것이다.

하지만 누군가는 그들의 돈 자랑에 위화감을 느끼기도 한다. 여기에 더해 아무리 힙합 문화의 특수성이라 하더라도 지나친 부의 과시는 대중에게 힙합이 돈을 최고의 가치로 여기는 황금만능주의만을 추구한다는 오해의 소지를 제공하기도 한다. 이런 태도는 사회의 이런저런 양상을 다채롭게 비추고, 때로는 약자의 목소리를 대변하는 힙합의 순기능을 축소시킨다. 돈 자랑이 과연 참다운 멋인지, 세월이 지나도 숭고함을 발할 내용인지 래퍼들은 물론 힙합애호가들도 신중히 검토할 필요가 있어 보인다.

생각해 볼 거리

힙합 패션을 어떻게 받아들여야 할까?

힙합은 하나의 문화로서 갖가지 트렌드를 만들어 왔다. 패션계에서도 힙합의 영향력은 지대하다. 바지, 티셔츠, 점퍼, 모자 등 여러 옷과 액세서리의 인기를 몰고 왔으며, 이것들을 착용하는 특별한 방식을 제시하기도 했다. 몇 년 전부터 외국 젊은이들 사이에서 유행하는 새깅은 힙합 문화가 발휘하는 큰 힘, 힙합 패션의 높은 인기를 또 한 번 체감하게 한다.

그러나 많은 사람이 즐기고 따라 한다고 해서 무조건 다 좋은 경향이 되는 것은 아니다. 속옷이 드러나게 바지를 내려 입는 새깅은 어떤 이들에게는 불쾌감을 안기는 패션이기에 논란을 빚고 있다.

그렇다면 우리는 이런 힙합 패션, 문화에 대해 어떻게 생각해야 할까? 힙합만 갖는 특유의 개성으로 인정해야 할까? 아니면 여러 사람의 눈살을 찌푸리게 하는 모습이니 제약을 가하는 것이 맞을까?

어느 한쪽이 절대적으로 옳다고 딱 잘라 말하기는 어렵다. 사회는 각양각색의 사람이 더불어 사는 세상이며, 모든 문화는 사회 구성원들의 대대적이고 자연스러운 수용에 의해 탄생하기 때문이다. 따라서 호불호가 갈리는 힙합 패션을 착용하거나 바라볼 때에는 다양성에 대한 이해와 취향에 대한 배려를 되새겨 봐야 한다.

5장

세상을 놀라게 한 힙합

백인은
랩을 할 수 없다고?

많은 이가 에미넘Eminem의 이름을 한 번쯤은 들어 봤을 듯하다. 랩을 잘하고 히트곡이 많은 이유도 있겠지만 힙합 신에서 상대적으로 소수에 해당하는 백인이기에 그의 존재와 활약은 한층 두드러진다. 힙합 골수팬들은 으레 제이-지나 나스를 최고의 래퍼로 꼽곤한다. 하지만 마니아가 아닌 보통 사람들은 힙합을 얘기할 때 에미넘을 가장 먼저 언급한다. 우리나라에서 에미넘은 힙합의 대명사나 다름없다.

그의 인기가 한국에서만 유별나게 높은 것은 아니다. 1999년 주류 음악계에 데뷔한 이후 2017년까지 선보인 일곱 편의 정규 앨범이 모두 빌보드 앨범 차트 1위를 기록했다. 많은 음악인이 수상자로 서기를 갈망하는 그래미 어워드에서만 2015년까지 무려 열다섯 개의 트로피를 받았다. 대중음악 잡지와 웹진에서 역대 최고의 래퍼를 선정한 리스트들을 살펴보면 그의 이름이 늘 상위권에 들어가 있다. 유서 깊은 미국의 음악 전문지 〈롤링 스톤Rolling Stone〉은 에미넘을 '힙합의 제왕The King of Hip Hop'이라고 수식하며 치켜세우기도 했다. 에미넘은 외국에서도 힙합을 대표하는 인물로 통한다.

참 신기한 일이다. 힙합은 흑인 사회에서 탄생했으며, 흑인 음악가가 다른 인종보다 월등히 많은 장르다. 그런데 이 영역에서 으뜸으로 잘나가고, 많은 사람이 알아주는 래퍼가 백인이라니 특이한 광경이 아닐 수 없다. 이런 상황을 조금은 섭섭하게 생각하는 흑인도 있지 않을까 하다.

에미넘이 엄청난 성과를 달성하고 있지만 그의 등장 전에도 힙합 역사에 돋보이는 행적을 남긴 백인 래퍼는 많다. 바닐라 아이스Vanilla Ice는 1990년 「Ice Ice Baby」로 빌보드 싱글 차트 정상을 밟았다. 힙합 노래가 빌보드 싱글 차트 1위를 차지한 최초의 순간을 백인 래퍼인 바닐라 아이스가 기록했다. 이듬해 마크 월버그가 리더로 있던 그룹 마키 마크 앤드 더 펑키 번치Marky Mark and the Funky Bunch의 「Good Vibrations」가 빌보드 싱글 차트 1위를 차지했다. 캐나다 출신의 스노Snow는 1993년 「Informer」로 백인 래퍼가 빌보드 싱글 차트 꼭대기에 오르는 역사를 또 한 번 썼다. 아일랜드계 미국인들로 구성된 3인조 하우스 오프 페인House of Pain의 1992년 히트곡 「Jump Around」는 영화, 드라마, 운동경기 등에 배경음악으로 꾸준히 사용되며 명곡 대열에 들었다. 현재 런 더 주얼스Run the Jewels로 활동 중인 엘-피EI-P는 여러 장르를 섞어 다채로움을 내는 얼터너티브 힙합alternative hip hop의 확산을 이끈 핵심 인물로 거론된다. 에미넘 이 전에도 백인 래퍼들의 화려한 행보를 목격할 수 있다.

백인들의 힙합 신 진출의 첫 장에는 비스티 보이즈가 자리한다. 이들은 원래 하드코어 펑크hardcore punk[1] 밴드로 출발했지만 1983년 에 낸 「Cooky Puss」에서 턴테이블 스크래칭과 약간의 래핑을 곁들 이며 힙합을 시도했다. 1985년에 출시한 「Rock Hard」는 보통의 힙합과 다를 바 없이 보컬을 모두 랩으로 채웠다. 백인으로만 이뤄진 힙합 그룹의 공식적인 첫 등장이었다.

흑인들의 전유물인 줄로만 알았던 랩을 백인들이 하니 사람들 눈에는 무척 별나 보였다. 그렇다고 비스티 보이즈가 인종이 다르 다는 사항으로만 이목을 끈 것은 아니다. 장난기 가득한 가사, 경

1 1970년대 후반에 발생한 펑크 록punk rock의 하위 장르. 보통의 펑크 록보다 더 격렬하고 빠른 것이 특징이다. 대체로 상업주의를 반대하며, 때로는 정치사회적 이슈를 가사로 다루기도 한다.

쾌함과 역동성을 겸비한 비트, 날카롭고 야무진 래핑으로 대중성과 작품성을 모자람 없이 나타냈다. 1986년에 발매한 데뷔 앨범 『Licensed to Ill』은 빠른 속도로 판매량을 높이며 빌보드 앨범 차트 1위를 기록했다. 랩 음반을 처음으로 빌보드 앨범 차트 정상에 올린 업적도 백인인 비스티 보이즈가 달성했다.

비록 데뷔 앨범의 판매량에는 미치지 못했으나 『Paul's Boutique』, 『Check Your Head』, 『Ill Communication』 등 이후에 낸 앨범들도 상업적으로 성공했다. 이와 더불어 발표하는 앨범마다 비평가들의 호평이 이어졌다. 많은 사람이 부담 없이 즐길 수 있도록 흥겨움을 내보이면서 음악적 변화와 실험성을 항상 동반했기에 대중과 평론가들의 지지를 동시에 이끌어 낼 수 있었다.

힙합의 거장 반열에 든 지 오래지만 초창기에는 싸늘한 시선을 받기도 했다. 비스티 보이즈가 기존에 하던 펑크 록 대신 힙합을 들고 나타나자, 흑인 사회와 힙합 신 한편에서는 그들을 두고 '문화 해적'이라고 비난했다. 흑인들이 이뤄 놓은 문화를 백인이 빼앗는 것처럼 보였기 때문이다. 그때까지만 해도 일부 흑인은 백인이 힙합 신에 들어오는 것을 그리 달가워하지 않았다.

지나치게 민감한 반응이라고 생각할 수 있다. 그런데 한편으로는 이와 같이 경계의 태도를 나타낸 것이 이해되기도 한다. 미국에서 흑인들은 줄곧 백인들에게 억눌리고 빼앗긴 채로 살아왔다.

200년 넘게 백인들의 종으로 지냈으며, 노예제도가 폐지된 후에도 백인과 동등한 권리를 누리지 못하는 상태로 거의 100년을 더 버텼다. 흑인들이 겪은 박탈의 역사는 무려 300년이 넘는다. 힘들게 자유를 찾은 흑인들이 새로운 문화를 창조했는데 그것을 스무 살 남짓한 새파란 백인 청년들이 냉큼 가져가니 예민하게 나올 수밖에 없었다. 몇몇에게는 힙합이 빼앗겨서는 안 될 소중한 민족문화였던 것이다.

성공과 법의 제재가
함께 따른 논란의 작품

1989년 플로리다주 마이애미시 출신의 4인조 힙합 그룹 투 라이브 크루2 Live Crew가 발표한 『As Nasty As They Wanna Be』 앨범을 두고 미국 전역이 들썩였다. 앨범에는 호기심 어린 시선과 지탄의 목소리가 동시에 쏟아졌다. 야한 사진의 앨범 커버부터 예사롭지 않았다. 그러나 커버에 쓰인 사진은 가사에 비하면 아무것도 아니었다. 어른이 듣기에도 거북할 만큼 성적으로 지나치게 적나라한 노랫말이 미국 문화계를 흔들었다.

표현 수위가 얼마나 높았는지 『As Nasty As They Wanna Be』는 급기야 사법부까지 움직이게 만들었다. 1990년 6월 플로리다주 남부 지구 연방 지방법원은 앨범을 음란 행위로 간주하고 판매를 금지한다는 판결을 내렸다. 이에 플로리다주를 포함한 여러 주에서

『As Nasty As They Wanna Be』의 판매가 금지됐다. 미국 대중음악 역사에서 음반 형태의 작품에 대해 법적 제재가 가해진 것은 이번이 처음이었다.

투 라이브 크루는 재미로 가사를 그렇게 썼을지 몰라도 법은 장난일 수 없었다. 판결 이후 플로리다주의 한 음반점 상인이 음반을 팔다가 검거돼 사람들은 제재가 현실임을 확실히 깨닫게 됐다. 소매점 주인들은 자기도 큰 탈이 날까 두려운 마음에 가게에 남아 있던 투 라이브 크루의 음반을 진열대에서 아예 치워 버렸다. 얼마 후에는 팀의 공연마저도 외설적이라고 판단해 멤버 일부가 검거되는 사건이 벌어졌다. 법원의 입장은 매우 단호했다.

그룹과 앨범을 둘러싼 사건들로 말미암아 미국 사회에서는 대중음악이 갖는 표현의 자유에 대한 논쟁이 일었다. 사람들의 생활과 사상에 좋지 않은 영향을 미칠 수 있는 불건전한 노랫말도 표현의 자유로 인정해야 하는지, 아니면 법으로 어떤 기준을 정해 놓고 그것을 넘을 시에 저지해야 하는지 갑론을박이 오갔다. 상스러운 가사라고 할지라도 예술로 봐야 한다는 관점과 이에 반대되는 의견이 대중음악계 전반에 걸터앉게 됐다.

서로 다른 주장이 충돌하는 상황에서 아이러니하게도 실제 이익은 투 라이브 크루가 챙기고 있었다. 선정적인 가사 때문에 이들의 노래는 방송을 타기가 쉽지 않았다. 그러나 화젯거리가 된 일들 덕분에 그룹은 음악 채널을 거치지 않고도 단숨에 이름을 알리게 됐다. 여러 지역에서의 음반 판매 금지 처분에도 불구하고 『As Nasty As They Wanna Be』는 출시된 해인 1989년 미국에서 100만 장이 넘게 팔렸다. 정규 음반을 내기 전에 먼저 발매한 「Me So Horny」는 빌보드 싱글 차트 26위까지 올라 그룹 최초의 히트곡이 됐다. 논란거리가 그룹을 선전해 주고 대중의 구매 욕구까지 자극한 셈이다.

투 라이브 크루의 앨범은 표현의 자유에 대한 물음을 던졌을 뿐만 아니라 산업과 음악적인 부분에서도 중대한 업적을 이룩했다. 미국의 문화, 예술 산업은 각각 뉴욕시와 로스앤젤레스시를 중심으로 한 동부와 서부에 집중된 편이다. 이런 환경 탓에 힙합도 남부가 상대적으로 소외돼 왔다. 하지만 『As Nasty As They Wanna Be』가 큰 관심을 얻으면서 남부의 힙합도 주목받기 시작했다. 더불어 투 라이브 크루가 했던 마이애미 베이스Miami bass[2] 장르 또한 남부를 넘어 주류 음악계에 진출하게 됐다. 투 라이브 크루는 여러 방면에서 팝 역사의 결정적인 순간을 장식했다.

의미 있는 공을 세웠지만 『As Nasty As They Wanna Be』가 힙합

2 1980년대 중반 마이애미시에서 탄생한 힙합의 하위 장르. 일반적인 힙합에 비해 훨씬 촘촘한 리듬 구성과 빠른 템포가 특징이다.

을 선정성 강한 음악으로 느껴지게끔 한 것도 기정사실이다. 더구나 비슷한 시기에 여성을 천대하는 가사가 태반인 갱스터 랩도 번성해 힙합은 스스로 부정적인 이미지를 더욱 견고하게 갖춰 갔다. 투 라이브 크루와 갱스터 랩은 그리 좋지 않은 상승효과를 만들어 냈다.

그럼에도 투 라이브 크루가 상업적으로 성공함에 따라 성을 소재로 한 노래가 자연스레 증가했다. 이들의 히트 이후 특히 미국 남부 힙합의 노래들에는 문란한 표현이 비일비재해졌다. 투 라이브 크루는 속칭 포르노 랩porno rap이라고도 하는 더티 랩dirty rap이 확산하는 데에도 크게 기여했다. 우리나라에서도 2000년을 전후해 더티 랩으로 규정할 수 있는 노래가 날로 늘어나는 중이다.

누군가는 쾌감을 준다는 이유로 환호하는 이런 노래들은 다른 한편에서는 방송 부적격 판정이 내려지거나 스트리밍 서비스가 금지되는 등 이런저런 제재를 받는다. 선정성 짙은 내용이 일부 대중, 특히 가치관이 정립되지 않은 청소년에게 성, 여성에 관해 왜곡된 인식을 조장할 가능성이 있기 때문이다.

노래에 제약이 가해지는 모습을 보고 어떤 이는 창작과 표현의 자유를 억압하는 행위라며 억울해하기도 한다. 그러나 엄밀히 말하면 뮤지션으로서는 노래를 만들고 발표하며 이미 창작과 표현의 자유를 누린 것이 아닐까. 노래에 방송 금지 또는 청취 불가 판정이 내려지는 것은 창작이 아닌 배포와 유통의 문제다. 나라의 제도, 사회를 구성하는 다양한 기관은 유해성을 지닌 문화가 퍼지는 것을 방지할 책임이 있다.

한국을 공격한
비겁한 힙합

벌써 20년도 더 지난 오래전 일이다. 웬만한 기억은 희미해질 긴 세월이다. 하지만 사태를 직접 목격했거나 텔레비전을 통해 접한 사람은 그날의 광경을 결코 잊지 못할 듯하다. 여기저기서 솟아오르던 검붉은 불기둥, 상점의 물건을 마구잡이로 훔치던 사람들, 한순간에 약탈자로 돌변한 이웃으로부터 가게를 지키기 위해 총을 든 한인 상인들의 모습은 상황이 심각하다는 것을 여실히 말해 주고 있었다. 1992년 발생한 '로스앤젤레스 폭동1992 Los Angeles riots'은 미국에 살고 있는 한인들은 물론 우리나라 모든 동포에게 크나큰 충격과 공포로 다가왔다.

로스앤젤레스 폭동은 1년 전에 일어난 이른바 '로드니 킹 사건'이 발단이 됐다. 1991년 3월 3일 백인 경찰관 네 명이 로스앤젤레스시 고속도로에서 과속으로 달리던 차량을 추격 끝에 멈춰 세웠다. 그리고 운전자 로드니 킹Rodney King을 끌어내려 곤봉과 주먹으로 무차별 구타했다. 교통 법규를 위반한 잘못은 있지만 이날 경찰들의 대응은 상식을 벗어난 수준이었다. 인근 주민이 이를 촬영해 방송사에 제보했고, 비디오가 뉴스를 통해 공개되면서 많은 사람의 분노를 샀다. 얼마 뒤 로드니 킹에게 폭력을 행사한 네 명의 경찰관은 과잉 진압 혐의로 기소됐다.

이듬해 2월 로드니 킹 폭행과 관련된 경찰관들에 대한 재판이 시작됐다. 몇 차례 심의를 진행한 뒤 4월 29일 판결이 내려졌다. 배심원단은 경찰관들이 진압 과정에서 행한 폭력에 대해 무죄 평결을 내렸다. 많은 이의 예상과는 다른 결과였다.

무죄 판정에 화가 난 흑인들은 거리로 나와 시위를 벌였다. 감정이 격양된 몇몇은 건물과 시설물을 부수거나 상가에 불을 지르는 등 범법 행위를 저지르기 시작했다. 이들의 무질서한 행동은 걷잡을 수 없이 사나워져 갔다. 폭동이 시작된 로스앤젤레스시의 플로렌스 거리와 노르망디 거리 주변에는 한인들이 운영하는 상점이 많아서 교민들의 피해가 막대했다.

폭동으로 인해 수많은 사람이 다치고 막대한 재산상 피해가 발생했다.

　폭동 발생 이튿날 약 2,000명의 방위군이 투입됐지만 혼란은 쉽사리 진정되지 않았다. 사태의 신속한 진압을 위해 5월 1일 약 4,000명의 방위군이 더 투입됐다. 5월 2일에는 약 3만 명의 교민들이 평화를 외치며 행진을 벌이기도 했다. 군인들의 적극적인 치안 활동으로 폭동은 5월 4일에 비로소 종지부를 찍었다. 폭동으로 말미암아 2,000명 이상의 사상자가 발생했으며 55명이 사망했다. 재산 피해액은 10억 달러 이상으로, 당시 환율을 따졌을 때 우리 돈으로는 약 8,000억 원에 달하는 어마어마한 금액이다. 이 금액 중

약 40퍼센트가 한인 업소들이 입은 피해였다.

폭동이 일어나게 된 배경을 본다면 흑인들이 백인들을 공격 대상으로 삼는 것이 자연스러운 일이다. 그런데 어째서 한인들에게 분풀이가 집중된 것일까? 1차적인 이유는 흑인 시위대가 처음 밀집한 장소가 코리아타운 근처였다는 점이 될 듯하다. 하지만 이 사항 이전에 흑인과 한인 사이에 불거지던 갈등이 폭동의 더 중요한 원인으로 작용했다.

당시 로스앤젤레스시의 흑인 실업률은 날이 갈수록 높아지고 있었다. 반면에 한국 이민자들이 점차 늘어남에 따라 한인들의 경제 활동 진출은 계속해서 증가했다. 이 때문에 가난한 흑인들은 상대적 박탈감을 느낄 수밖에 없었다. 몇몇 흑인은 한국 사람들에게 시기심과 적대감을 품기 시작했다.

여기에 '두순자 사건'도 한국인들을 향한 흑인들의 분노를 키우는 데 한몫했다. 1991년 3월 16일 두순자라는 상점 주인이 15세 흑인 소녀 라타샤 할린스Latasha Harlins를 절도범으로 오해한 나머지 다투는 과정에서 총을 쏴 살해하는 사건이 발생했다. 배심원단은 살인죄에 맞는 최고형을 내려야 한다고 요구했다. 하지만 1991년 11월 15일에 열린 재판에서 판사는 두순자가 가게를 운영하면서 흑인들로부터 이미 30회 이상 강도를 당해 불안해했으며 재범 가능성이 낮다는 이유를 들어 5년 동안의 보호관찰과 400시간의 사회봉사, 벌금

500달러를 선고했다. 두순자로서는 천만다행이었지만 흑인들은 살인에 대한 형량치고는 너무 가볍다면서 불만의 목소리를 높였다.

가뜩이나 한인들에 대한 반감이 심한 상태에서 언론까지 분위기를 들쑤셨다. 로스앤젤레스 폭동이 발생했을 때 방송국과 신문사들은 폭동과 연관해서 두순자 사건을 중점적으로 보도했다. 이로 인해 흑인들의 분노가 자연스럽게 한인들에게 쏠리게 됐다. 언론의 치우친 보도가 분란의 또 다른 도화선이 된 셈이다.

한인들과 흑인들 간의 갈등이 고조되는 가운데 아이스 큐브Ice Cube가 1991년 10월 말에 발표한 「Black Korea」가 두 민족의 악감정을 더욱 부추겼다. 그는 이 45초 남짓한 짧은 노래에서 한국인 상인들이 모든 흑인을 도둑놈으로 취급한다면서 불만을 터뜨리고 욕설을 날린다. 여기에 더해 한국인을 중국인으로 싸잡으며 무시하고 돈에만 집착하는 민족으로 비하한다. 마지막에 가서는 흑인들에게 존중을 표하지 않으면 한인들의 가게를 불태워 버리겠다며 협박까지 한다. 아이스 큐브는 과거 엔더블유에이에 속했을 때와 다름없이 솔로로서도 과격하고 폭력적인 가사를 내뱉었다.

한인들로서는 분노할 수밖에 없었다. 아니, 어쩌면 두려움이 더 컸을 것이다. 한인들에게 불만을 품은 흑인들이 「Black Korea」에 영향을 받아 진짜로 한인들의 상점에 불을 지를 가능성도 있기 때문이었다. 이에 재미 교포 연합회Korean American Coalition는 11월 3일 기자회견을 열고 한인들이 느끼는 불안을 이해해 달라는 내용의 성명서를 발표한다.

며칠 뒤에는 미주 식품상 총연합회Korean American Grocers' Association가 아이스 큐브와 관련된 상품을 취급하지 않겠다는 보이콧을 선언했다. 이 무렵 아이스 큐브는 음료 회사 매켄지 리버 코퍼레이션의 맥주 광고 모델로 활동했다. 미주 식품상 총연합회가 남부 캘리포니아주에서만 3,500여 개의 상점을 관리하고 있었기에 매켄지 리버로서는 경제적 타격이 클 수밖에 없었다. 얼마 지나 보이콧은 다른 지역에까지 확산돼 5,000개 이상의 상점이 판매 거부에 동참했다.

매켄지 리버는 상황이 더 악화되기 전에 빨리 사태를 수습해야만 했다. 매켄지 리버는 아이스 큐브가 출연한 광고를 전면 중단하고 이번 문제에 대해 미주 식품상 총연합회와 아이스 큐브가 만족스러운 합의점을 찾을 때까지 아이스 큐브를 광고 모델로 기용하지 않겠다는 협상안을 제시했다. 미주 식품상 총연합회가 이 제안을 수용하면서 보이콧은 1991년 11월 20일 종료됐다.

이듬해 2월에는 매켄지 리버의 주선으로 미주 식품상 총연합회 간부들과 아이스 큐브와의 만남이 성사됐다. 이 자리에서 아이스 큐브는 한인 상인들에게 노래가 물의를 일으킨 것에 대해 사과했다. 더불어 한인 상점에 대한 폭력을 저지하고 한인 사회와 흑인 사회가 조화로운 관계를 유지할 수 있도록 노력하겠다고 약속했다. 냉랭했던 관계는 그제야 풀리기 시작했다. 이렇게 화해가 이뤄졌지만 겨우 두어 달 만에 많은 한인을 공포에 떨게 한 로스앤젤레스 폭동이 발생했다는 사실은 몹시 씁쓸하게 느껴진다.

아이스 큐브는 이 일 이후로 한국과 한인 상인들을 헐뜯는 랩을 하지 않았다. 그러나 누구를 총으로 쏴 죽이겠다고 협박하는 등 폭력적인 말과 행동을 담은 갱스터 랩은 계속했다. 미주 식품상 총연합회와 만난 자리에서 그가 보였던 반성의 태도는 그의 랩이 지닌 폭력성에 대한 온전한 뉘우침이 아니었던 것이다. 본인 때문에 매켄지 리버에 손실이 생기면 손해배상의 책임은 고스란히 그의 몫이 되니 코앞에 닥친 위기를 모면하기 위해 일단 사과의 제스처를 취한 것에 지나지 않는다.

아이스 큐브의 「Black Korea」는 당시 로스앤젤레스시 내 흑인 사회와 한인 사회 간의 심각한 갈등을 보여 준다. 한편 갱스터 랩이 헛되고 하찮다는 것도 깨닫게 해 준다. 노래로는 자기가 세상에서 가장 강하고 무서운 사람인 듯 행세하지만 막상 문제가 생기니 바로 꼬리를 내리는 모습에서 갱스터 랩의 비열함을 엿볼 수 있다. 아무도 제재하지 않을 때에는 엉덩이에 뿔 난 망아지처럼 날뛰다가도 본인한테 피해가 갈 일이 생기거나 강한 사람 앞에 가면 한순간에 순한 양이 되는, 비겁한 이중성을 지닌 음악으로 보이기에 충분했다.

살인자로 가장해서라도
전하고 싶었던 말

백인 경찰들에 둘러싸여 두들겨 맞던 로드니 킹의 모습은 흑인 용의자에 대한 진압과 검거 과정이 유독 사납고 과격하다는 것을 느끼게 해 주는 사례였다. 과한 공권력을 행사한 백인 경찰관들에게 무죄 판결이 내려지는 상황은 미국 사회와 법이 흑인의 편이 아니라고 말하는 듯했다. 흑인들은 처참한 현실에 분통을 터뜨릴 수밖에 없었다.

로스앤젤레스시를 근거지로 활동하는 래퍼 아이스-티Ice-T도 분노가 치밀기는 마찬가지였다. 그는 본인이 이끄는 헤비메탈 밴드 보디 카운트Body Count의 이름으로 1992년 경찰의 폭력을 비판하는 「Cop Killer」를 발표한다. 솔로로 노래를 낼 수도 있었지만 굳이 보디 카운트로 음반을 출시한 것은 거친 헤비메탈 음악이 그가 느끼

흑인들에 대한 경찰의 과잉 대응 논란은 끊임없이 제기되고 있다.

는 노여움을 더 효과적으로 전달해 줄 수 있었기 때문이다.

가사 역시 매우 과격했다. 경찰관을 모욕적으로 일컫는 속어 pig
는 기본에, 경찰을 죽이겠다는 말을 서슴지 않고 되풀이한다. 또한
로드니 킹 사건 당시 로스앤젤레스시 경찰서장이었던 대릴 게이츠
Daryl Gates를 지목해 신랄하게 악담을 날린다. 후반부에서는 엔더블
유에이의 「Fuck tha Police」처럼 "경찰들, 엿 먹어라!"를 연달아 외
친다. 저주를 작정하고 지은 노랫말이었다.

경찰들, 정부 관료들한테 「Cop Killer」는 심히 불쾌하게 들릴 만
했다. 그들로서는 이 노래로 말미암아 공권력에 대해 좋지 않은 인
식이 퍼질 것이 걱정됐다. 나아가서는 경찰을 향한 증오 범죄를 조

장할 가능성도 있었다. 텍사스 연합 법률 집행 위원회Combined Law En-forcement Associations of Texas, 댈러스 경찰 협회The Dallas Police Association 등은 「Cop Killer」가 수록된 앨범을 레코드점에서 회수하라며 음반사를 상대로 보이콧 운동을 벌이기 시작했다.

아이스-티는 어디까지나 예술 작품일 뿐이라며 「Cop Killer」를 변호했다. 그는 한 인터뷰에서 "폭력을 마구 행사하는 경찰을 죽이고 싶다는 생각은 솔직히 해 본 적이 있다. 하지만 생각만 했지 결코 죽이지 않았다. 나는 그저 경찰의 만행에 신물이 난 인물을 설정해 1인칭 시점에서 노래를 부른 것이다. 댁들이 내가 정말 경찰을 죽일 거라고 생각한다면 데이비드 보위David Bowie를 우주 비행사[3]로 믿는 꼴이나 다름없다"며 노래와 현실이 같지 않음을 주장했다.

표현의 자유는 보장돼야 한다며 아이스-티를 옹호하는 사람도 많았지만 보디 카운트와 그들의 노래를 향한 미움은 잠잠해지지 않았다. 어떤 지역에서는 경찰이 상점 주인에게 앨범을 계속 판매한다면 위급한 상황에 출동을 요청해도 응하지 않겠다고 으름장을 놓아서 울며 겨자 먹기로 음반을 치우는 일도 있었다. 보디 카운트의 음반을 발매한 워너 브라더스 레코드Warner Bros. Records의 주주들은 회

---

3 데이비드 보위는 1969년에 발표한 「Space Oddity」에서 자신을 가상의 우주 비행사 톰 소령으로 가공했다.

사에 손실이 생길 것을 우려해 앨범을 계속 판매하면 경영진을 해고하겠다고 압박했다. 「Cop Killer」는 경찰의 생명뿐만 아니라 의도치 않게 누군가의 생계도 위협하는 문제작이 됐다.

사태가 예상외로 커지자 아이스-티와 멤버들은 결국 「Cop Killer」를 『Body Count』 앨범에서 빼기로 결정한다. 얼마 뒤 보디카운트는 「Cop Killer」와 이 노래의 도입부 역할을 하는 「Out in the Parking Lot」을 삭제한 버전을 출시했다. 대신 재발매된 음반에는 아이스-티가 1989년에 솔로로 발표했던 「Freedom of Speech」를 하드록hard rock 스타일로 편곡해 실었다. 언론의 자유를 주제로 한 「Freedom of Speech」를 선곡함으로써 아이스-티는 「Cop Killer」에 대한 간섭이 못마땅함을 넌지시 나타냈다.

아이스-티는 「Cop Killer」를 민중가요[4]로 규정했다. 권력에 억압받는 힘없는 흑인들을 위한 노래라고 의미를 부여한 것이다. 그는 이 노래가 널리 전파되기를 바랐을 테지만 빗발친 항의 탓에 확산은 일찍이 차단되고 말았다. 대대적으로 불리지는 못했을지라도 많은 흑인이 아이스-티의 규정에는 동의했을 것이다. 흑인들에 대

4 주로 피지배 계급, 서민층이 권력에 맞서 사회 변혁을 염원하며 부르는 노래. 민주화, 통일, 인권 신장, 노동 환경 개선 등 다양한 주제를 갖는다.

한 경찰의 과잉 대응 논란이 끊임없이 제기되고 있기 때문이다.

최근에도 공권력 남용 사건이 여러 차례 일어났다. 2014년 8월 미주리주 퍼거슨시에서 비무장 상태였던 18세의 흑인 소년 마이클 브라운Michael Brown이 편의점 강도 용의자로 오해받아 백인 경찰에 의해 사살당하는 사건이 발생하면서 경찰의 과잉 진압이 다시금 도마 위에 올랐다. 같은 해 11월에는 오하이오주 클리블랜드시에서 장난감 총을 갖고 놀던 12세 흑인 소년 타미르 라이스Tamir Rice가 경찰의 오인 총격으로 숨졌다. 2015년 4월에는 메릴랜드주 볼티모어시에서 25세 흑인 청년 프레디 그레이Freddie Gray가 경찰에 체포, 이송되는 과정에서 척추를 다쳐 혼수상태에 빠졌다가 일주일 만에 사망하는 일도 있었다.

백인 경찰에 의한 흑인 피살 사건이 잇달아 발생하자 많은 흑인이 "흑인들의 생명도 소중하다Black Lives Matter"는 구호를 적은 피켓을 들고 거리로 나섰다. 2013년 해시태그 '#BlackLivesMatter'를 단 게시물로 시작된 SNS 속 인종차별 금지 캠페인이 급기야 현실 세계로 나왔다. 전 세계는 이런 모습을 보며 미국 내 흑인이 제도적으로 불리한 위치에 처하는 위태로운 형편을 새삼 실감했다.

흑인의 인권을 존중, 보호해 달라는 운동이 열기를 띠면서 얼마 뒤 소중한 변화가 찾아온다. 여러 도시가 경찰관의 제복에 보디캠을 부착해 공무 집행 과정이 촬영되도록 하는 제도를 도입한 것이

경찰관 제복에 보디캠을 부착한 모습.

다. 경찰에게는 책임감과 조심성을 갖게 하고, 지역사회에는 경찰
에 대한 신뢰감을 조성하려는 움직임이다.

곳곳에서 유의미한 변화가 일어나고 있었지만 안타까운 소식은
쉽게 그칠 줄 몰랐다. 2016년 7월에는 루이지애나주 배턴루지시
의 한 편의점 앞에서 CD를 팔던 37세 흑인 청년 올턴 스털링Alton
Sterling이 경찰이 쏜 총에 맞아 숨지는 일이 발생했다. 사건이 일어
나기 전 한 노숙자가 올턴 스털링에게 집요하게 돈을 구걸하자 올
턴 스털링은 총을 보여 주며 노숙자를 내쫓았다. 이에 앙심을 품은
노숙자는 올턴 스털링이 총으로 자신을 위협하고 있다면서 경찰에

신고했다. 현장에 출동한 경찰은 올턴 스털링에게 총이 있다는 노숙자의 말만 믿은 채 거칠게 제압했고, 이 과정에서 수차례 발포해 올턴 스털링을 사망에 이르게 했다.

사건 이후 검거 당시 올턴 스털링의 손에 총이 있었는지 아닌지 확실하지 않다는 발표가 나오면서 경찰이 또 과잉 진압을 했다는 비난이 일었다. 또한 해당 경찰의 보디캠이 제압 과정에서 떨어져 나가는 바람에 촬영된 영상이 없다고 주장해 경찰의 은폐 의혹이 제기되기도 했다.

이처럼 흑인을 향한 과잉 진압이 의심되는 사건 소식은 여전히 보도되고 있다. 경찰의 인종차별적인 대응은 쉽게 풀리지 않는 미국의 고질적인 문제다. 많이 과격하긴 했지만 아이스-티는 험한 말을 내뱉어서라도 흑인에게 유독 자주 행해지는 경찰의 폭력 행위를 뿌리 뽑고 싶었는지도 모른다. 아이스-티에게 「Cop Killer」는 새로운 세상이 오기를 바라는 혁명의 외침이었다.

예술일까?
도둑질일까?

힙합의 가장 큰 음악적 묘미는 가공과 재발견에 있다는 주장에 이의를 제기할 이는 얼마 없을 듯하다. 디제이나 프로듀서들은 기존에 있던 노래의 일부분을 자르고 연결해 새로운 작품으로 탄생시킨다. 청취자들은 이렇게 완성한 음악을 통해 사용된 노래를 다시 보게 된다. 이미 알고 있던 곡이라고 해도 디제이나 프로듀서 개개인의 해석이 깃든 가공을 거치고 나면 새롭게 느껴지곤 한다. 힙합 특유의 작법인 샘플링은 뮤지션과 듣는 이에게 색다른 재미를 선사한다.

힙합이 발생하던 초반에는 대체로 한 곡만 재료로 사용될 뿐이었다. 이 때문에 비트가 무척 단조로울 수밖에 없었다. 그러다가 1980년대 중반을 지나 엘엘 쿨 제이의 「Rock the Bells」, 비스티 보이즈의 「The New Style」처럼 두 편 이상의 곡을 활용해 비트를 완성한 노래가 출현하기 시작했다. 이를 계기로 힙합 신에는 여러 곡을 원료로 해서 반주를 만드는 다중 샘플링 방식이 확산하게 된다.

1987년에는 샘플링과 관련해 더욱 획기적인 일이 일어난다. 영국의 전자음악 그룹 마스MIAIRIRIS가 지금까지의 힙합과는 비교할 수 없을 만큼 많은 곡에서 리듬과 보컬을 추출해 완전히 새로운 노래를 만든 것이다. 화제가 된 마스의 노래 「Pump Up the Volume」의 오리지널 버전에는 에릭 비 앤드 라킴Eric B. & Rakim의 「I Know You Got Soul」, 트러블 펑크Trouble Funk의 「Pump Me Up」, 솔 칠드런The Soul Children의 「I Don't Know What This World Is Coming to」, 퍼블릭 에너미의 「You're Gonna Get Yours」 등 무려 스무 편이 넘는 곡이 사용됐다. 힙 하우스hip house[5] 장르의 효시이기도 한 「Pump Up the Volume」을 통해 음악팬들은 샘플링의 매력과 무한한 재생산 잠재력을 다시금 확인할 수 있었다.

이후 영국에서는 「Pump Up the Volume」과 같은 방식으로 제작한 곡들이 줄지어 나왔다. 이듬해 출시된 봄 더 베이스Bomb the Bass의 「Beat Dis」, 콜드컷Coldcut의 「Doctorin' the House」, 에스익스프레스S'Express의 「Theme from S-Express」 등도 기본 열 곡 이상, 많게는

5   힙합과 일렉트로닉 댄스음악 중 하나인 하우스 음악이 결합된 장르.

샘플링은 뮤지션과 듣는 이에게 색다른 재미를 선사한다.

스무 편이 넘는 곡을 자르고 녹여 내 만든 작품들이다. 이로써 다중 샘플링은 당시 거의 유행으로 자리 잡게 된다.

이 노래들이 보여 준 작법은 매시업mashup과 크게 다르지 않다. '(채소, 과일 등을) 부드럽게 으깨다'라는 뜻의 매시업은 이미 존재하는 두 편 이상의 곡에서 각각 반주와 목소리를 뽑아 새로운 노래를 창조하는 방법을 일컫는다. 음악팬들에게는 미국의 프로듀서 데인저 마우스Danger Mouse가 2004년에 발표한『The Grey Album』이 가장 익숙한 매시업 작품일 것이다. 데인저 마우스는 흰색 표지 때문에 일명 화이트 앨범이라고 불리는 비틀스The Beatles의『The Beatles』수록곡들을 샘플로 쓴 비트에 제이-지의 『The Black Album』에서 뽑은 래핑을 입혀 색다른 가공물을 만들었다. 『The Grey Album』이 음악팬들과 평론가들에게 두루 호평을 들으면서 매시업의 인기 또한 상승하게 된다.

2000년대 들어서는 클렙톤스The Kleptones, 리전 오브 둠The Legion of Doom, 걸 토크Girl Talk, 파티 벤Party Ben 같이 매시업을 전문으로 하는 뮤지션도 속속 출현하고 있다. 이들 가운데 단연 돋보이는 인물은 걸 토크다. 2002년부터 2010년까지 총 다섯 장의 정규 음반을 발표한 걸 토크는 한 노래 안에 평균 열 곡 이상, 많을 때는 서른 편이 넘는 곡을 갈아 넣는다. 이런 그의 음악을 두고 한 노래 안에서 시시각각 다른 노래들이 튀어나오는 탓에 정신없다고 평하는 이도 있다. 반면에 팝, 록, 힙합, 리듬앤드블루스 등 여러 장르를 한꺼번에 자연스럽게 맛볼 수 있어서 재미있다는 의견도 많다.

걸 토크의 음악 세계를 바라보는 견해도 엇갈린다. 누구는 그가 음악을 만드는 방식에 대해 절도 행각이나 다름없다고 비판한다. 걸 토크가 원작자나 저작권자의 허락을 받지 않은 채, 그들에게 저작권료를 지불하지 않은 상태에서 음원을 사용하기 때문이다. 만약 그가 저작권료를 일일이 지불해 가며 노래를 제작한다면 어마어마한 금액이 나갔을 것이다. 어쩌면 앨범 한 장을 완성하기도 전에

파산했을지도 모른다. 어쨌든 샘플 승인을 받지 않고 노래를 제작한다는 점으로 도마 위에 오르곤 한다.

걸 토크를 옹호하는 이도 많다. 미국 저작권법은 '공정 이용'이라는 명목으로 저작권이 등록된 작품도 교육, 비평, 연구, 패러디 등의 특수한 목적에서 허가 없이 사용할 수 있다고 규정하고 있다. 걸 토크를 지지하는 사람들은 그의 음악을 패러디로 봐야 한다는 입장을 취한다. 또한 공정 이용에 해당되려면 원작의 사용 분량도 중요한데, 걸 토크는 본인이 사용하는 원작들의 분량이 매우 짧기에 저작권자들에게 경제적 손해를 입히지 않는다면서 공정 이용에 어긋나지 않는다고 주장한다.

데인저 마우스의 『The Grey Album』이 출시됐을 때에도 저작권을 둘러싸고 논란이 일었다. 비틀스의 앨범에 대한 출판권을 갖고 있던 음반사 이엠아이 그룹EMI Group Limited은 데인저 마우스를 상대로 음반의 판매와 유통을 중지할 것을 명령했다. 엎친 데 덮친 격으로 비틀스의 곡들에 대한 소유권을 갖고 있던 소니/에이티브이 뮤직 퍼블리싱Sony/ATV Music Publishing도 데인저 마우스를 상대로 법적 조치를 취하겠다는 입장을 보였다. 한쪽에서는 참신한 기획이라며 찬사를 받았던 『The Grey Album』은 한쪽에서는 도둑질이라는 낙인이 찍히고 있었다.

다행히 데인저 마우스는 혼자가 아니었다. 음악팬들은 비틀스의 곡들이 원곡과는 전혀 다른 모습으로 나타나고 있으며, 저작권자에게 막대한 경제적 타격을 안길 만한 분량이 아니라면서 인터넷을 통해 데인저 마우스를 변호했다. 소수의 대형 음반사가 음반 시장의 대부분을 지배하는 구조에 불만을 품어 온 네티즌들의 비영리 단체 다운힐 배틀Downhill Battle은 음반사의 협박에 저항하는 차원에서 『The Grey Album』의 무료 다운로드를 확산하는 운동을 펼쳤다. 이 캠페인에 400개 이상의 사이트가 동참했다. 네티즌들의 격한 반발로 음반사들이 대응을 철회하면서 『The Grey Album』은 무료 다운로드가 가능한 상태로 남게 됐다.

외국이나 우리나라나 무단 샘플링에 대한 의견은 아직도 분분하다. 한쪽은 원작자의 지적재산권 침해, 안일한 작곡 풍조 조장 등을 우려해 반대의 목소리를 낸다. 다른 한쪽은 정식 절차를 밟아 사용료를 지급할 경우에는 경제적으로 부담이 될 수밖에 없고, 이는 특히 영세한 언더그라운드 뮤지션에게는 창작열을 시작 단계부터 꺾는 것이나 다름없다면서 무단 샘플링을 탄력적으로 용인해 줘야 한다고 주장한다.

무단 샘플링을 허용해 달라는 이들이 제시하는 논리도 어느 정도 타당성은 있다. 하지만 샘플링에 아무런 조건이나 제약이 붙지 않는다면 1차 창작자의 창작 의욕도 많이 떨어질 것이 분명하다. 이 같은 문제를 방지하기 위해서라도 누군가가 공을 들여 만든 산물은 물리적, 제도적으로 반드시 보호받아야 한다. 게다가 샘플링에 대한 절차와 기준이 애매모호해지면 정당하게 대가를 치르고 샘플링을 행하는 사람들이 선의의 피해자가 되는 상황이 벌어진다. 두 입장 다 장단점이 존재해 선뜻 어느 한쪽의 편을 들기가 쉽지 않다.

사실 뮤지션 중에는 자신의 작품이 누군가에 의해 재해석되고 재창조되는 것을 기쁘게 생각하는 이도 제법 된다. 비틀스 멤버 폴 매카트니가 그중 하나였다. 『The Grey Album』을 두고 논란이 일었을 때 그는 데인저 마우스가 자신이 지은 곡을 사용한 것에 개의치 않았다. 오히려 『The Grey Album』을 자신을 향한 일종의 헌정이라고 여겼다. 그러나 소유권, 출판권을 갖고 있던 음반사 입장에서는 회사의 재산이기에 단속하고 막을 수밖에 없었다. 원작자가 너그럽게 이해한다고 해도 창작물에는 제3자의 권리와 재산이 연관된 경우가 대부분이다. 그래서 무단 샘플링은 여전히 깔끔하게 해결하기 어려운 문제로 남아 있다.

힙합 국수주의는
힙합을 부끄럽게 해

2014년 〈쇼미더머니〉 세 번째 시즌에 참가한 바스코가 한번은 록 음악 반주에 맞춰 공연을 펼쳤다. 이때 랩을 하다가 훅에서는 스크리밍screaming6으로 노래를 불렀다. 활기 넘치는 퍼포먼스에 관객은 열렬하게 환호했다. 195명의 관객 중 79명이 바스코의 무대를 최고로 꼽음으로써 이날 공연을 선보인 열두 명의 래퍼 가운데 바스코가 관객 투표 1위를 차지했다.

많은 관객이 바스코를 지지한 것과 달리 일부 심사위원은 바스코가 랩보다 록에 치중했다면서 아쉬움을 드러냈다. 특히 마스타우는 바스코가 록 뮤지션들처럼 머리를 흔들어 대면서 록 창법을

6 성대에 힘을 줘 거칠게 포효하듯이 소리를 지르는 창법.

구사한 것에 대해 힙합 오디션 프로그램에서는 적절하지 않은 공연이라며 강력하게 불만을 표시했다. 심사위원들은 래퍼는 록을 해서는 안 된다는 생각을 갖고 있는 듯했다. 마스타 우의 말에서는 록을 배척하는 태도마저 느껴졌다.

일부 심사위원은 래퍼가 록을 하는 것을 못마땅하게 여겼지만 대중음악 역사를 살펴보면 힙합과 록의 사이가 매우 돈독함을 알 수 있다. 영국의 펑크 록 밴드 클래시Clash는 1980년에 발표한 「The Magnificent Seven」에서 랩을 시도하며 록과 힙합이 처음 만나는 역사적인 자리를 마련했다. 같은 해 미국 록 밴드 블론디Blondie도 「Rapture」에서 랩을 들려줬다. 미국 하드록 밴드 키스Kiss 또한 1983년 「All Hell's Breakin' Loose」에서 랩을 선보인 바 있다. 힙합이 대대적으로 전파되던 시기에 록 밴드들이 먼저 나서서 록과 힙합을 접목하기 시작했다.

얼마 뒤 힙합 진영에서도 퓨전 활동이 나타났다. 런-디엠시는 1984년 「Rock Box」에 묵직한 전기기타 연주를 넣어 힙합과 록의 혼합을 도모했다. 이듬해 엘엘 쿨 제이도 「Rock the Bells」에서 전기기타 연주를 샘플로 이용해 힙합과 록의 결합을 꾀했다. 이후 비스티 보이즈, 키드 록Kid Rock, 블러드하운드 갱Bloodhound Gang, 사이프러스 힐Cypress Hill 등 힙합과 록의 퓨전을 주된 스타일로 택한 아티스트들이 꾸준히 출현했다. 1993년에 개봉한 영화 〈킬러 나이트Judgment

Night〉의 사운드트랙 앨범은 총 21팀의 힙합 뮤지션들과 록, 헤비메탈 밴드들이 서로 짝을 이뤄 제작했다. 힙합과 록의 관계는 결코 서먹하지 않다.

비단 록뿐만이 아니다. 힙합은 과거는 물론 오늘날에도 전자음악, 레게reggae[7], 뉴에이지 음악new-age music[8] 등 대중음악의 다른 여러 장르와 유대를 이어 오고 있다. 게다가 서양 고전음악의 형식을 빌린 곡도 많다. 힙합은 힙합다워야 한다는 생각은 힙합의 다양한 양상과 발전 과정을 제대로 헤아리지 못한 선입견일 수밖에 없다.

약 2010년부터 음악팬들 사이에서 '힙부심'이라는 신조어가 심심찮게 쓰이고 있다. 힙합과 자부심이 결합된 말로 힙합이 가장 멋있다면서 다른 장르를 무시하거나, 자기가 좋아하는 힙합 뮤지션 말고 다른 래퍼는 모두 수준 이하라고 폄하하는 태도를 비꼰 용어다. 이 표현을 통해 힙합에 각별한 애정을 쏟는 사람이 늘어났지만 힙합 이외의 음악은 낮잡아 보는 마니아도 많음을 짐작하게 된다. 씁쓸함을 안기는 묘사다.

자기가 좋아하는 가수, 즐겨 듣는 장르를 애지중지하는 것은 자

7 1960년대 후반 자메이카에서 발생한 대중음악 장르. 느긋한 분위기가 특징이다.
8 1960년대 후반 유럽을 중심으로 생겨난 장르. 차분한 연주나 가창을 통해 안온감을 조성하는 것이 특징이다.

연스러운 모습이다. 하지만 그것만을 최고라고 여기며 다른 뮤지션을 깔보거나 타 장르를 배격하는 자세는 바람직하지 않다. 자기가 즐기는 무언가가 함부로 취급되기를 바라는 이는 아무도 없다. 내가 아끼는 음악이 더 많은 이에게 존중받기를 원한다면 나부터 다른 누군가가 좋아할 여러 가수와 장르를 소중히 대해야 할 것이다. 이 행동이 힙합의 테두리 바깥으로 뻗어 나갈 때 힙합 문화가 한층 성숙해질 수 있다.

행동하는 뮤지션이 받은
크리스마스 선물

2009년 12월 믿기 어려운 광경이 벌어졌다. 미국의 랩 메탈 밴드 레이지 어게인스트 더 머신Rage Against the Machine이 1992년에 발표한 「Killing in the Name」이 영국 싱글 차트 1위를 기록한 것이다. 세상에 나온 지 17년이나 지난 노래가 갑자기 차트에 등장한 것도 모자라 정상까지 차지하다니 신기하지 않을 수 없었다. 「Killing in the Name」은 처음 출시됐을 때 빌보드 차트에는 들지 못했고 영국 싱글 차트에서는 25위를 기록했다. 과거에 비해 껑충 뛴 순위도 놀라움을 더했다.

레이지 어게인스트 더 머신의 노래가 차트에 다시 나타난 배경은 이랬다. 2005년부터 크리스마스 시즌만 되면 영국 대표 오디션 프로그램 〈더 엑스 팩터The X Factor〉의 우승자들이 발표한 노래가 계속해서 영국 싱글 차트 1위에 올랐다. 영국의 라디오 디제이 존 모터Jon Morter는 이처럼 인기 프로그램이 문화를 쥐락펴락하는 현상에 싫증을 느끼고 있었다. 2009년 12월 초 그는 페이스북을 통해 크리스마스에 레이지 어게인스트 더 머신을 1위에 올리자는 캠페인을 벌이기 시작한다.

신곡도 차트 상위권에 드는 것이 쉽지 않은 현실에서 출시된 지약 20년이 된 노래를 1위에 올리는 일은 엄청난 도전이었다. 그런데 이 무모해 보이는 운동은 〈더 엑스 팩터〉를 만든 음반 제작자 사이먼 코웰Simon Cowell의 망언으로 힘을 얻게 된다. 그는 한 기자회견에서 지질하고 멍청한 짓이라며 캠페인을 공개적으로 비난했다. 그의 발언은 더 많은 네티즌을 캠페인에 동참하도록 만들었다. 사이먼 코웰의 말에 분노한 뮤지션들도 캠페인에 참여함으로써 열기가 한층 달아올랐다. 이로써 「Killing in the Name」은 2009년 〈더 엑스 팩터〉에서 우승한 조 매켈더리Joe McElderry의 「The Climb」을 제치고 영국 싱글 차트 1위에 올라섰다.

이 운동은 의식 있고 정의로운 뮤지션에게 전하는 답례와도 같았다. 1992년 데뷔한 레이지 어게인스트 더 머신은 리메이크로 꾸린 4집을 제외한 나머지 석 장의 정규 앨범을 통해서 정치적 사건이나 사회문제를 알려 왔다. 경찰의 공권력 남용을 질타한 「Killing in the Name」, 전쟁을 부추겨 자신들의 배를 채우는 군수 업체를 비판한 「Bulls on Parade」, 무분별한 소비와 허영심을 조장하는 미국 대중문화에 대한 고민을 던지는 「No Shelter」 등 레이지 어게인스트 더 머신의 노래들은 모두 우리 주변의 어두운 진실에 맞선다. 불합리한 시스템, 주류 방송과 거대 기업의 문화 지배 문제를 지적해 왔기에 존 모터가 이들을 캠페인의 주인공으로 선정한 것이다.

레이지 어게인스트 더 머신은 노래로만 사회의 모순, 불의와 싸우지 않았다. 레너드 펠티어Leonard Peltier[9], 무미아 아부-자말Mumia Abu-Jamal[10] 같이 누명을 쓰고 수감된 인권 운동가들을 돕기 위한 자선 공연을 지속적으로 펼쳤으며, 노동자를 착취하는 대기업 제품에 대한 불매운동에도 적극적으로 나섰다. 우리나라에서 설립된 세계적인 기타 브랜드 콜트Cort로부터 2007년 부당하게 해고당한 한국 노동자들이 2010년 복직을 요구하며 미국 지사로 원정 투쟁을 갔을 때, 레이지 어게인스트 더 머신의 기타리스트 톰 모렐로Tom Morello는 그들을 찾아가 투쟁을 응원하기도 했다. 이렇듯 주장을 실천에 옮기는 뮤지션이었기에 2009년 캠페인 때에도 많은 음악팬의

9 인디언 인권 운동가. 1975년 사우스다코타주의 인디언 보호구역에서 FBI 요원 두 명을 살해한 혐의로 수감됐다.
10 언론인 겸 흑인 인권 운동가. 1981년 펜실베이니아주 필라델피아시에서 교통법규 위반으로 경찰관에게 구타당하던 동생을 구하려다가 몸싸움을 하는 과정에서 경찰관을 살해한 혐의로 체포됐다.

지지를 받을 수 있었다.

어떤 문제에 대해 비판을 제기하기 위해서는 약간의 용기만 있으면 된다. 그러나 그 문제를 바로잡기 위해 직접 나서려면 큰 용기가 필요하다. 레이지 어게인스트 더 머신은 말을 날카롭게 내뱉는 데에 그치지 않고 본인들의 신념을 늘 행동으로 나타냈다. 어려움을 겪는 사람들, 사회적 약자를 돕는 일도 열심이었다. 자기 이익을 위해서라면 언제 그랬냐는 듯이 쉽게 말을 바꾸는 몇몇 줏대 없는 래퍼들과는 격이 달랐다. 레이지 어게인스트 더 머신의 랩이 멋져 보이는 이유가 이 때문이다.

힙합의 다양한 문제를 어떻게 바라봐야 할까?

자유분방한 성질 탓에 힙합은 크고 작은 문제들에 휩싸이곤 한다. 표현의 자유 아래 지나치게 과격한 말을 일삼거나 외설스러운 묘사를 남발하는 것은 아무래도 사회의 질서를 어지럽히는 행위라고 볼 수 있다. 선정성이 짙은 가사나 다짜고짜 비망만 늘어놓는 랩은 듣는 이의 기분을 상하게 할 소지가 크다.

이와 더불어 힙합의 일반적인 제작 방식인 샘플링도 비판의 대상이 된다. 음악계 일각에서 샘플링은 남의 노고를 이용한 쉬운 창작이라고 지탄을 받아 왔다. 하지만 어떤 힙합 프로듀서들은 참신한 재료를 찾기 위해 수천, 수만 장의 음반을 뒤지는 수고를 들인다. 또는 거듭 손질을 가해 원본과는 전혀 다른 느낌을 연출하기도 한다. 이런 과정을 원곡을 만들 때의 노력보다 못하다고 단정 지을 수 있을까?

6장

내가 만드는 나의 이야기,
My Hip Hop

나의 경험과 일상생활을
랩에 담아 보자

이제 한번 나의 힙합을 만들어 보자. 어디서 어떻게 출발하면 좋을
까? 대다수 래퍼가 '일상 속의 나'로부터 랩을 시작한다. 처음 랩을
하려고 가사를 쓸 때 어느 순간 느낀 감정이나 자신이 살아오면서
경험한 일을 소재로 삼는 경우가 일반적이라는 뜻이다. 자질구레
한 사연이든 오랜 세월이 지나도 잊지 못할 만큼 인상 깊은 사건이
든, 힙합에 이제 막 입문하는 이들은 주로 나와 관련된 얘기를 글
감으로 택한다. 노랫말을 쓰는 자신한테도 까다롭지 않으면서 완
성된 랩을 듣는 사람도 편하게 받아들일 수 있기 때문이다. 생활에
서 건져 낸 갖가지 정서와 체험담은 힙합의 가장 보편적인 재료다.

소소한 감정, 인생의 일부분을 토대에 둔 가사는 소리헤다의 「별
이 빛나는 밤에」, 가리온의 「12월 16일」, 포이의 「정릉」 같은 노래

들을 참고하면 좋을 듯하다. 이 노래들은 어떤 시간에 불쑥 든 기분, 나의 삶, 나와 관련된 장소가 노랫말을 써 내려 가는 데에 좋은 실마리가 될 수 있음을 보여 준다. 동시에 대수롭지 않은 내용이 친밀감을 느끼게 한다는 것도 확인시켜 준다.

프로듀서 소리혜다의 비트에 매드클라운이 랩을 한 「별이 빛나는 밤에」는 어느 늦은 밤 갑자기 느낀 답답함과 공허함을 달래기 위해 자전거를 타고 거리를 나서는 모습으로 얘기를 시작한다. 자전거를 타면서 이런저런 상념에 빠진 화자는 이상과 현실을 점검하고 인간관계에서 서툴렀던 기억을 돌아본다. 노래 속 매드클라운처럼 많은 이가 살면서 문뜩문뜩 허전한 기분에 사로잡히곤 한다. 또한 사람은 누구나 완벽하지 않은 존재라서 현재 자신의 처지가 만족스럽지 못할 때도 많다. 이 때문에 「별이 빛나는 밤에」는 나의 모습이나 활동에 부족함을 느껴 고민이나 걱정을 하고 있는 청취자들이 공감할 만하다.

갑갑했어.
여태 꿈만 꾸고 산건 아닌가 좀 막막했어.
나답게 서길 바라지만,
항상 쳇바퀴 도는 내가 좀 답답해서 별이 빛나는 밤에 떠나지.
　　　　　　　　　　　－소리혜다(featuring 매드클라운) 「별이 빛나는 밤에」 중

가리온의 「12월 16일」은 그룹의 멤버 MC 메타의 간략한 연대기다. MC 메타는 제목으로 내건 생일을 기점으로 어린 시절을 회상하면서 그때 자신의 성격과 유년기에 품었던 꿈에 대해 말한다. 2절부터는 20대에 생일날 서울로 올라와 본격적으로 음악을 시작했던 기억을 훑으며 뮤지션으로서의 주관과 포부를 밝힌다. 이와 같이 삶의 소중한 순간, 성장하면서 확립해 가는 가치관을 가사의 큰 틀로 사용할 수도 있다. 여기에 더해 「12월 16일」은 특별한 의미가 있는 날짜가 자신의 일화를 전개하는 데 핵심 키워드가 될 수 있다는 것도 깨닫게 한다.

포이는 「정릉」에서 그가 청소년기부터 20대가 될 때까지 10년 가까이 살았던 서울시 성북구 정릉동의 이곳저곳을 스케치하며 그곳에서의 추억을 되새긴다. 반면에 노래를 함께한 객원 래퍼 진준왕은 살아오는 동안 머물렀던 지역들을 나열하며 자기는 이사를 자주 한 탓에 추억이 깃든 동네가 없다고 포이를 부러워한다. 상반된 입장을 아우른 가사는 한동네에서 오래 지낸 사람은 물론 거주지를 자주 옮긴 사람도 동감할 수 있게끔 한다. 또한 특정 동네를 제목과 가사에 명시하게 되면 노래는 그 동네에 살았거나 현재 사는 이들에게 더욱 인상적으로 다가오게 된다. 이처럼 「정릉」은 가사에서 친근감을 형성하는 방법을 제시한다.

동사무소 지나 양옆으로 수놓은 나무들.

문 닫은 부동산과 세탁소. 새벽의 찬바람.

추억에 잠겼었지. 계곡물 소리 따라.

정릉에서 지내 왔던 그 추억들을 아직 나는 못 잊어.

지금은 시간이 지났지만 생각나는 그 시절.

— 포이(featuring 진준왕) 「정릉」 중

힙합도 가사를 습작해 보기에 괜찮은 소재다. 힙합을 좋아하는 이들이라면 누구나 힙합이 마치 어둠 속의 한 줄기 빛처럼 강렬하게 느껴진 순간이 있을 것이다. 혹은 어떤 노래나 앨범, 뮤지션이 전율을 안긴 때가 분명히 있을 것이다. 수많은 래퍼가 이런 경험을 하기에 힙합과 함께한 추억을 곱씹거나 힙합을 향한 애정을 표출하는 노래들이 꾸준히 나온다. 래퍼와 힙합 애호가들에게 힙합에 얽힌 에피소드는 자신을 드러내는 단골 제재다.

허클베리피와 수다쟁이는 올티를 객원 래퍼로 섭외한 「The Ticket」에서 힙합 음악이 자신들을 미국에 보내 주는 비행기 티켓이라고 정의한다. 세 래퍼는 모스 데프Mos Def, 빅 펀Big Pun, 다일레이티드 피플스Dilated Peoples 등 본인들이 좋아하는 힙합 뮤지션들을 언급하며 힙합에 심취했던 지난날을 떠올린다. 더불어 힙합에 푹 빠진 아들을 걱정하시던 부모님의 모습, 〈8 마일〉을 몰입하며 봤던

힙합도 가사를 습작해 보기에 괜찮은 소재다.

나머지 랩 배틀을 하는 꿈을 꿨던 기억 등 각자 겪었던 아기자기한 일을 추가해 노래를 흥미진진하게 만들었다.

　라마는 「낭만의 인명록」을 통해 1990년대 후반부터 2000년대 초반까지 그가 러프 스터프라는 팀으로 활동하던 시기에 보고 들은 한국 힙합을 스케치한다. 라마는 당시 주류와 언더그라운드에서 활동하던 래퍼들을 비롯해 피플 크루, 고릴라 크루 같은 유명 힙합 댄싱 팀들, 2000년대 초반 래퍼를 꿈꾸는 이들의 등용문이었던 '아우성 랩 페스티벌', 한국 힙합의 성지로 통하는 '마스터플랜' 클럽 등 힙합과 관련한 인물, 행사, 장소를 두루 살핀다. 「낭만의 인명

록」은 한국 힙합이 비약적으로 성장하던 시기를 포괄적으로 서술한 안내서나 다름없다.

이외에도 주석의 「힙합 뮤직」, 팔로알토의 「배움의 삶」, 마일드 비츠와 프라이머리의 프로젝트 앨범 『Back Again』의 수록곡으로 데드피와 딥플로우가 랩을 한 「죽일 놈의 힙합」, 마르코의 「My Classic」, 이치원과 소울원의 「그때 그 시간」 등 힙합에 대한 체험담과 예찬을 녹여 낸 노래가 무척 많다. 이런 노래들을 통해 힙합이 나에게 준 느낌, 내가 좋아한 힙합 뮤지션들과 즐겨 들은 작품들이 가사의 유용한 밑천이 된다는 것을 실감할 수 있다.

누군가에게 바치는 가사는 어떨까? 모든 사람이 삶을 살면서 주변 사람들로부터 크고 작은 도움을 받는다. 그중 가장 큰 은혜를 베풀어 준 이는 낳아 주시고 길러 주신 부모님이다. 부모님이 더없이 소중한 존재라는 생각은 늘 하지만 매일 보는 익숙한 사이라서 고맙다는 말이나 사랑한다는 표현을 마음에 묶어 두고만 있을 때가 흔하다. 그러니 평소에는 쑥스러워서 꺼내지 못했던 말을 랩에 실어 보는 것도 좋을 듯하다.

피노다인의 「Nightingale Film」이 어머니에게 바치는 가사의 훌륭한 예가 될 것 같다. 피노다인의 멤버 허클베리피는 자신이 태어나서 성장하고 래퍼로 활동하는 과정을 어머니의 시선에서 기술한다. 어머니는 아들이 커 가는 모습을 보며 흐뭇해하고, 아들이 랩을 하겠다고 했을 때는 걱정하면서도 한편으로는 꿈을 응원한다. 한 구절, 한 구절에 자식을 향한 어머니의 사랑과 어머니의 크나큰 애정을 고마워하는 아들의 마음이 선명하게 묻어난다. 래퍼가 아닌 어머니의 시각에서 스토리를 진행하는 연출도 주목할 만한 부분이다.

방 한 구석을 채워가는 CD와 테이프들.
너에게 어떤 날들이 기다릴까?
처음 보는 미소를 짓고 있네.
진심으로 행복해 보이는 널 보면서
난 아무 말도 할 수 없네.
아들이기에 드는 걱정은 담아 둘게.

− 피노다인 「Nightingale Film」 중

아버지에게 전하는 노래로는 데프콘의 「아버지」, 다이나믹 듀오의 「아버지」, 에픽하이의 「당신의 조각들」, 딥플로우의 「Bucket List」를 참고해 보면 좋겠다. 이 노래들은 공통적으로 가족을 먹여 살리기 위해 묵묵히 일하시던 아버지의 모습을 회상한다. 그리고 세월이 흐를수록 늘어만 가는 주름살과 흰머리를 보며 안타까워한다. 감사하고 죄송스러운 마음을 표현하면서 잘해 드리지 못한 지난날을 후회하는 것도 비슷하게 나타난다. 언제나 강인하게만 느껴졌던 아버지도 세월이 지나면서 약해지시기 마련이다. 전과 다르게 노쇠해져 가는 아버지의 모습이 눈에 들어올 때 자식으로서 가슴이 아플 수밖에 없다. 이 노래들이 지닌 정서는 거의 동일하지만 얘기의 발단이 되는 사정은 제각각이다. 아버지를 향한 마음을 어떻게 풀어내는지 비교하기에 좋은 노래들이다.

나를 드러내는 소재는 앞에서 언급한 예시 말고도 많다. 누군가를 좋아했던 경험, 학교생활, 친구와 놀던 기억, 미래에 대한 포부, 취미, 애장품, 습관 등 나의 삶을 내보일 글거리는 무궁무진하다. 즐겨 입는 옷이라든가 좋아하는 음식, 선호하는 색깔 같은 사소한 기호도 얼마든지 재료로 쓸 수 있다. 자신의 평상시 활동을 찬찬히 들여다보고 주변을 주의 깊게 관찰하면 가사를 쓰는 데 동기가 될 제재들을 풍성하게 장만할 수 있을 것이다.

우리는 저마다 남들에게 털어놓기 어려운 상처를 하나쯤은 갖고 있다. 이것 역시 자신을 표현하는 원료이며 한편으로는 자신을 자유롭게 하는 통로가 된다. 속이 타는 일을 맞닥뜨렸을 때 답답한 마음을 SNS나 일기장에 기록하면 근심에서 어느 정도 벗어나는 느낌이 든다. 이와 마찬가지로 감추고 싶은 쓰라린 기억도 가사로 쓰면 한결 후련해지는 기분이 들 것이라고 확신한다. 게다가 나와 비슷한 상황을 겪고 있는 사람들이 내가 쓴 진솔한 가사를 접한다면

동질감을 느끼며 위안 삼을 것이다. 나의 얘기가 누군가에게 위로가 되고 힘이 된다면 그것만큼 보람되고 흐뭇하게 느껴지는 일이 없을 듯하다.

가사를 잘 쓰려면
어떻게 해야 할까?

'어떻게 해야 가사를 잘 쓸 수 있을까?' 랩에 입문하는 순간에 대부분이 한 번씩은 하는 고민이다. 아니, 얼마간 경력을 쌓은 프로페셔널 래퍼들도 이런 질문을 스스로에게 수없이 던진다. 가사가 래핑의 기본 요건이며 가사를 잘 써야 래퍼로서 체면이 서는 까닭이다. 래퍼들이 일반적으로 갖는 이 물음에 대한 모범 답안은 2013년에 개봉한 단편영화 〈33리〉[1]의 초반부에서 얻을 수 있다.

영화는 방송을 타면서 이름 좀 알리기 시작한 선배 래퍼가 후배

1 래퍼로 성공하길 꿈꾸지만 생계를 위해 택배 기사로 일하는 서른세 살의 아마추어 래퍼 석용을 통해 이상과 현실 사이에서 갈등하는 젊은이의 모습을 담아냈다. 주인공의 나이를 거리로 암시한 제목 33리를 마일로 환산하면 8마일이 된다는 점에서 에미넴이 주연한 〈8 마일〉을 모티프로 삼았음을 유추할 수 있다.

래퍼들과 대화를 나누는 장면으로 시작된
다. 음악에 대한 얘기를 나누던 중 선배는
후배들에게 이렇게 묻는다. "너희 평소에
책은 좀 읽냐?" 선배의 물음에 후배들은
자신 있게 대답하지 못하고 쭈뼛거리기만
한다. 그러자 선배는 한심하다는 듯 웃으
며 책이랑 신문을 챙겨 보면서 교양을 쌓
으라고 충고한다. 그렇게 하지 않으면 양
아치가 될 뿐이라고 장난스럽게 겁까지
준다.

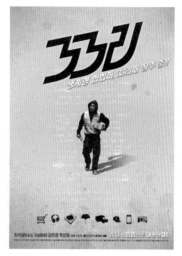

힙합을 주제로 한 단편영화 〈33리〉.
래퍼 톱밥이 주연을 맡았다.

　언급한 장면은 선배 래퍼의 오만한 성
격을 묘사하기 위한 감독의 연출이다. 동시에 자리에 모인 후배들
중 하나인 주인공을 초라하게 보이도록 하려는 설정이기도 하다.
하지만 선배가 한 대사는 결코 우습게 들리지 않는다. 현실에 마땅
히 적용되는 조언이기 때문이다.

　직접 가사를 쓰는 것이 기본인 래퍼들에게 독서는 매우 중요하
다. 익히 알다시피 책 안에는 우리가 알지 못하는 광대한 역사와
사실이 담겨 있다. 많이 알수록 얘깃거리가 풍성해진다. 또한 다른
사람들의 다양한 견해와 주장을 접함으로써 사물이나 현상을 바라
보는 시야를 확장할 수 있다. 이 과정에서 추리력과 판단력도 배양

된다. 독서는 소재 확보뿐만 아니라 내 생각을 조리 있게 전달하는 능력을 양성하는 데에도 큰 보탬이 된다.

실제 일어난 일만 노랫말이 되는 것은 아니다. 허구로 꾸며지는 경우도 수두룩하다. 다만 현실성을 띠는 것과 공상적인 성격이 강한 내용으로 차이를 보인다. 어느 쪽에 무게를 더 두든 두 양상 모두 가사를 쓰는 사람의 상상력을 타고 나온다는 공통점을 가진다. 상상력과 아이디어 배출도 아는 범위에서 발휘된다. 배경 지식의 많고 적음에 따라 스토리 밀도의 높낮이가 갈린다. 견문이 풍족할 때 상상력에 날개가 돋는다. 상상에 기반을 둔 가사를 쓴다고 해도 책을 많이 읽어 둬야 내용이 알차고 신선한 작품을 완성할 수 있다.

또 하나 중요한 것이 있다. 랩은 보통의 노래보다 많은 말을 하는 만큼 풍부한 어휘력이 요구된다. 매끈하고 세련된 라임을 작성하는 일도 어휘의 풍요로움이 결정짓는다. 어휘력이 빈곤하면 표현이 단조로워질 가능성이 짙다. 동일한 단어, 고만고만한 문장이 되풀이되면 청취자로서는 지루함이 들 수밖에 없다. 래퍼 본인도 가사에 대한 만족감이 떨어진다. 어휘력은 가사의 질과 래퍼의 실력을 가늠하게 하는 주요 척도다.

어떤 래퍼는 랩을 하기로 결심하면서 어휘력을 기르기 위해 국어사전에 있는 낱말과 뜻풀이를 모조리 공책에 옮겨 적는 일을 시작했다고 한다. 그리고 그는 자신의 원대한 계획을 속전속결로 마무리했다. 불타는 의지로 과업을 빨리 완수한 것이 아니라 시작한 지 얼마 지나지 않아 힘들어서 포기했다고 한다. 애초부터 본인도 미련한 방법이라고 생각했겠지만 최대한 많은 단어를 자기 것으로 만들고 싶은 마음에서 택한 행동일 테다. 웃지 못할 그의 일화를 통해 래퍼에게 다채로운 단어를 구사하는 것이 얼마나 중요한지 새삼 확인할 수 있다.

국어사전에 등록된 낱말을 모두 암기한다는 것은 천재가 아니고서는 사실상 불가능하다. 게다가 사전 속 단어 중에는 현재 쓰지 않는 단어도 많다. 이 때문에 꾸준한 책 읽기를 통해 차근차근 어휘를 확충해 가는 것이 더 바람직하고 현명한 방법이다. 또한 소설과 시, 수필 등의 문학에서는 작가들만의 참신하고 개성 넘치는 수사법을 만날 수 있다. 어휘력뿐만 아니라 표현력을 갖추는 데에도 독서만 한 것이 없다.

여러 분야의 뉴스도 살뜰히 챙겨 봐야 한다. 뉴스는 이런저런 정보 외에 세상이 돌아가는 형편과 각계각층을 이루는 수많은 사람의 생활을 다룬다. 내가 겪어 보지 못한 세계, 내가 모르는 다른 사람들의 삶과 그들의 희로애락을 적극적으로 접해야 공감 능력이 함양된다. 남의 처지를 생각하고 이해할 때 이타적이고 사회적인 노랫말을 쓸 수 있다.

식견이 부족하고 공감 능력이 모자라면 주제의 폭을 넓혀 나갈 수 없다. 그 결과는 자기 자랑과 남을 깔아뭉개는 말만 늘어놓는 것으로 나타난다. 이처럼 품행이 고상하지 못하고 고약한 짓을 일삼는 사람을 가리켜 흔히 양아치라고 부른다. 래퍼라는 이름으로 미화한 양아치가 되지 않기 위해서는 뉴스를 통해 세상을 관찰하고 다른 사람들의 삶도 노래에 풀어낼 줄 알아야 한다.

가사를 잘 쓰는 데 있어서 다작은 독서와 동급의 중요도를 차지한다. 모든 일에 왕도가 없듯이 랩 역시 첫술에 배부를 수 없다. 주제를 다양하게 잡고 계속해서 새로운 단어를 활용하면서 가사를 많이 써 봐야 점차 감각이 트이고 실력이 는다. 동일한 내용이라도 얘기를 역순으로 풀어 본다든가, 화자를 내가 아닌 사물이나 제3자로 설정하는 등 연출 방식을 달리하는 훈련도 꾸준히 해야 기량이 성장한다.

가사를 쓰다 보면 때때로 막히기도 할 것이고 처음에는 괜찮다고 생각했던 글도 다시 보면 미흡하게 느껴지는 경우가 있을 것이다. 래퍼를 포함해 글을 쓰는 모든 사람이 이 상황을 겪는다. 고치고 다듬는 일을 귀찮아해서는 안 된다. 좋은 작품이 탄생하는 데에는 손이 많이 들어가는 법이다.

가사를 쓸 때 욕과 저속한 표현은 자제하기를 간곡히 바란다. 욕은 결코 멋있는 행위가 아니다. 따라서 욕이 들어간 가사는 당연히 보기 좋게 느껴지지 않는다. 언어는 그 사람을 비추는 거울이다. 지저분한 말을 가사에 담는다는 것은 그 사람의 인격과 소양이 변변치 못함을 선전하는 꼴이나 다름없다. 많은 이가 실감하는 사회의 부당한 현실에 대한 분노 표출이라면 듣는 이에게 후련함을 안기고 지지를 얻을 수 있을 것이다. 하지만 나를 치켜세우고 다른 사람을 업신여길 목적에서 쓰는 욕은 추잡해 보일 뿐이다.

어떤 비트를
골라 볼까?

2010년 무렵부터 트랩 뮤직trap music[2]이 힙합 음악의 대세로 자리 잡았다. 미국 남부에서 생겨난 이 장르는 제이-지와 카네이 웨스트Kanye West가 듀엣으로 발표한 「H·A·M」, 에이스 후드Ace Hood의 「Bugatti」, 비욘세Beyoncé의 「Drunk in Love」, 레이 시레머드Rae Sremmurd의 「No Flex Zone」 등이 히트하며 주류 음악계에서도 활보하게 됐다. 2010년대 중반에는 태반이 트랩이었다고 해도 과언이 아닐 만큼 많은 뮤지션이 트랩을 선보였다.

2 미국 남부 힙합에 뿌리를 두고 2000년대 중반에 나온 장르. 묵직한 드럼, 잘게 쪼개지는 심벌즈, 어두운 톤의 신시사이저 루프, 엄숙한 분위기를 형성하는 관현악기 프로그래밍 등을 기본 구성으로 한다.

우리나라 힙합 뮤지션들 또한 그 유행을 접수했다. 미국 래퍼들이 그랬던 것처럼 대다수가 트랩 비트에 랩을 했다. 그중 도끼, 더 콰이엇, 빈지노, MC 메타가 부른 「연결고리」, 지코의 「말해 Yes or No」, 사이먼 도미닉, 원, 지투, 비와이가 함께한 「니가 알던 내가 아냐」는 음원 차트에서 높은 순위를 기록했다. 이런 분위기 때문에 아마추어 래퍼나 랩을 하려는 많은 학생이 트랩 뮤직을 찾았다.

하지만 달도 차면 기우는 법이다. 번창했던 것도 언젠가는 열기가 식기 마련이다. 그렇게 드셌던 트랩 뮤직의 열풍은 차차 잠잠해지는 추세다. 대신 래칫 뮤직ratchet music[3], 클라우드 랩cloud rap[4]이 새로운 인기 장르로 떠오르고 있다. 우리나라에서도 래칫 뮤직은 로꼬의 「자꾸 생각나 (Thinking About You)」, 박재범의 「몸매 (MOM-MAE)」, 현아의 「잘나가서 그래」 등으로, 클라우드 랩은 코홀트의 「Time」, 루피의 「Goyard」 같은 노래들로 점점 확산되는 중이다. 이 두 장르가 힙합 음악의 중심에 서고 있다.

현재 인기를 끄는 스타일에 랩을 하는 것도 좋겠지만 그전에 일

3 맑고 말랑말랑한 톤의 신시사이저 루프, 단조로운 패턴의 드럼, 여러 명이 "헤이!"를 계속해서 외치는 보컬 장식이 특징이다.
4 래칫 뮤직과 마찬가지로 단순한 리듬을 나타내지만 몽롱한 분위기를 강조해 차별화한다. 특유의 흐리멍덩함 때문에 마치 구름 위를 걷는 듯한 기분이 든다고 해서 현재의 명칭이 붙었다.

단 다양한 장르를 골고루 접해 보길 권한다. 음악을 많이 들어야 자신의 취향을 제대로 헤아릴 수 있다. 이에 더해 본인이 쓴 가사, 자기의 음색과 어울리는 비트가 어떤 것인지도 지혜롭게 파악할 수 있다. 멋져 보여서 구입한 옷이 막상 입고 나니 어색하게 느껴질 때가 있듯이 랩을 직접 하는 순간 들을 때와는 다른 느낌이 드는 경우도 생긴다. 무턱대고 유행하는 양식을 택하기보다 노랫말과 어조를 조화롭게 표출할 수 있을 비트를 선정하는 것이 중요하다.

랩을 할 때, 혹은 음악을 들을 때 이것 하나는 명심하자. 지금 유행하는 음악, 내가 선호하는 음악이 최고라는 생각은 절대 금물이다. 트랩 뮤직이 어마어마하게 인기를 끌던 시기에 일부 힙합 마니아들이 트랩 외의 다른 장르를 좋아하는 사람을 두고 시대에 뒤떨어졌다며 깔보는 모습이 인터넷 커뮤니티에서 종종 목격돼 무척 안타까웠다. 앞에서 언급했듯이 나의 취향뿐만 아니라 남의 취향도 소중하다. 내가 좋아하는 장르만 으뜸이라고 여기는 것은 건전한 애정 표현이 아니다. 이것이야말로 속 좁고 수준 낮은 '힙부심'이다. 어떤 장르를 즐겨 듣든 어떤 비트에 랩을 하든, 다른 사람의 기호에 대한 이해와 존중을 바탕에 뒀으면 한다.

세월은 최신 유행을 구식으로 만든다. 트랩 뮤직도 세월의 영향에서 자유로울 수 없다. 머지않은 미래에 트랩 뮤직이 시들고 어떤 새로운 장르가 큰 인기를 얻게 됐을 때를 생각해 보자. 그때 트랩 뮤직을 좋아한다고 했을 때 그릇된 사고방식을 가진 누군가로부터 시대에 뒤떨어졌다는 놀림을 당할지도 모른다. 내가 내보인 편협한 태도가 부메랑이 돼서 나한테 되돌아올 수 있음을 유념해야 한다.

또한 세월은 과거의 풍경을 현재로 불러오기도 한다. 길게는 30년, 짧게는 20년 전에 유행했던 스냅백, 볼캡이 최근 다시 인기를 끈 것이 단적인 예다. 이처럼 우리는 과거의 문화를 어느 순간 다시 대대적으로 수용하곤 한다. 이 때문에 흘러간 문화를 케케묵었다며 하찮게 보는 것은 매우 어리석은 행동이다. 트랩 뮤직을 포함해 현재 유행하는 장르들 모두 과거에 나왔던 양식에 바탕을 둔다. 모든 현재는 과거가 있기에 존재한다. 음악을 할 때도 과거에 대한 존경심은 필수다.

음악 공개하기

노래를 만들었다면 한번 공개해 보자. 랩이 아직은 취미인 아마추어 래퍼들이 유튜브 같은 비디오 공유 사이트를 무대 삼아 자신의 작품을 선보이고 있다. 정식으로 음원을 제작하려면 세심한 손길이 필요하고, 시간적으로나 경제적으로 어느 정도 부담이 될 수밖에 없다. 하지만 유튜브는 복잡한 절차를 거치지 않고 본인이 원하는 때에 바로 영상이나 음원을 게시할 수 있다. 아마추어나 어린 학생들에게는 노래를 공개하는 데에 더할 나위 없이 좋은 통로다.

여기에 패션까지 갖추면 더 좋을 것 같다. 때로는 시각적인 부분이 음악을 더욱 인상 깊게 만들어 주기도 하기 때문이다. 스냅백, 볼캡처럼 요즘 다시 유행하게 된 액세서리도 좋고, 그보다 앞선 시기에 사랑을 받았던 복고풍 패션도 좋다. 꼭 힙합과 관련된 의상을

입을 필요는 없다. 자기만의 개성을 드러낼
수 있는 옷차림이면 뭐든 괜찮다. 나를 돋
보이게 할 패션으로 차려입고 영상을 만들
면 더 큰 관심을 이끌어 낼 수 있을 듯하다.

유튜브는 노래를 공개하는 데에
더할 나위 없이 좋은 통로다.

　마지막으로 현재 랩을 하고 있거나 랩을
하려는 독자들에게 당부하고 싶은 것이 있
다. 아무쪼록 내 가족과 주변 사람들에게
자랑스럽게 들려줄 수 있는 가사를 쓰길 바란다. 결혼하고 아이를
갖게 된 한 중견 래퍼는 아이에게 본인의 노래를 절대 들려줄 수 없
다고 한다. 젊은 시절 힙합다운 모습이라 생각하며 썼던 욕설과 선
정적인 가사가 나이 들어서 보니 부끄럽게 느껴진 것이 그 이유다.
지적 수준과 윤리 의식이 성장하고 난 뒤에야 비로소 그때의 노랫
말이 좋은 내용이 아니었음을 깨달은 것이다.

　리듬을 유연하게 타지 못했던 것, 구성이 꼼꼼하지 않았던 것,
라임을 말끔하게 짓지 못했던 것 등 음악적 기량과 관련해 부족했
던 부분은 지나고 나면 웃어넘길 추억이 되곤 한다. 하지만 흉한
말은 그렇지 않다. 후회와 창피함을 기약할 뿐이다. 게다가 악독하
고 너저분한 말을 뱉어 대는 래퍼가 내 자식이라고, 내 형제라고,
내 부모라고 자랑할 수 있는 사람은 얼마 없다. 나 자신은 물론 다
른 사람에게도 떳떳한 가사를 썼으면 한다.

힙합을 좋아하는 모든 독자에게 바라는 것도 마찬가지다. 멸시와 조롱, 욕설이나 안하무인 태도는 힙합의 훌륭한 모습이 아님을 알아 줬으면 한다. 자극적이고 폭력적인 가사에 열광하기보다 자신의 생각을 건강하게 표현한 노래에 더 주목했으면 좋겠다. 세월이 흘러서 들어도 유익하고 멋있다고 생각될 힙합을 찾아가길 희망한다.

생각해 볼 거리

힙합이 될 만한 나의 이야기는 어떤 것이 있을까?

힙합은 거창한 주제만 요구하지 않는다. 물론 그런 가사를 전달하는 노래도 있지만 일상의 사소한 일화나 생각을 담아낸 내용이 힙합에서 더 큰 면적을 이룬다. 이 때문에 매일 이어 가는 생활과 늘 마주하는 주변 환경이 래퍼들에게는 소중한 영감의 창고가 된다.

그렇다면 나의 어떤 일상을 가사에 기록할 수 있을까? 답은 '무엇이든지'다. 사회 통념과 법에 어긋나거나 누군가에게 상처를 주는 말만 아니면 된다. 학교생활도 좋고, 가족과 함께 있을 때 겪은 일도 괜찮다. 내가 경험한 모든 사연이 힙합이 될 수 있다. 소재와 주제를 정했다면 어떤 식으로 표현할지 잘 생각해 본 다음에 가사를 써 내려가 보자.

힙합으로 배우는 영어

테이크원이라는 예명으로 활동하던 래퍼 김태균이 2016년 말 본명을 앞세워 정규 데뷔 앨범『녹색이념』을 발표했다. 많은 힙합 마니아가 작품이 좋은지, 그렇지 않은지를 평가하기에 앞서 입을 모아 특별하다는 의견을 전했다. 모든 노래 가사를 한국어로만 지었다는 이유에서였다. 수록곡들의 제목도 전부 한국말로 나타냈다. 이 사항들로『녹색이념』은 출시되기 전부터 큰 관심을 불러일으켰다.

생각해 보면 황당할 따름이다. 그 나라에서 그 나라말로 랩을 하는 것은 결코 특별하거나 유난히 주목받을 일이 아니다. 지극히 정상적인 모습이다. 하지만 우리나라 대다수 래퍼가 영어를 너무나도 많이 쓰다 보니 김태균의 앨범이 오히려 유별나게 느껴지는 상황까지 온 것이다. 영어권 나라에서 살았던 경험이 전혀 없는데도 가사에 모국어보다 영어를 더 많이 쓰는 래퍼도 종종 눈에 띈다. 한국에서 영어를 더 많이 들어야 하다니 이상한 현실이 아닐 수 없다.

프로페셔널, 아마추어를 막론하고 가사에 영어를 쓰는 래퍼들 중 다수가 영어 사용에 대해 '다들 그렇게 하니까', '멋있어 보여서'라는 이유를 댄다. 남들이 하니 따라 한다는 말은 자기에게는 주체적인 생각이 없음을 자랑하는 것밖에 되지 않는다. 영어가 멋있게 느껴져서 쓴다는 얘기는 본인도 모르게 사대주의에 빠져 있음을 고백하는 것이나 다름없다. 무분별한 모방과 영어를 떠받드는 태도가 우리나라 노래에서 우리말을 몰아내고 있다. 그냥 지나쳐서는 안 될 심각한 문제다.

지금의 이러한 현상은 안타깝지만 영어를 독해하는 능력은 분명히 중요하다. 외국 힙합을 잘 이해하는 데에도, 여러 분야의 학문을 깊게 공부하는 데에도 영어 독해는 필수적으로 요구된다. 이에 독자들에게 조금이나마 보탬이 되고자 부록으로 힙합 노래에 사용된 숙어들을 준비했다. 소개하는 노래들은 힙합 역사에서 굵직한 자취를 남긴 작품인 만큼 몰랐던 노래가 있다면 꼭 들어 봤으면 한다.

1. Salt-N-Pepa 「Push It」(1986)

여성 힙합 그룹으로는 처음으로 주류 진출에 성공한 솔트-앤-페파의 히트곡 중 하나. 1987년 빌보드 싱글 차트 19위를 기록했다.

다수의 드라마와 광고에 배경음악으로 쓰였으며, 데스티니스 차일드Destiny's Child의 「Nasty Girl」, 핏불Pitbull의 「Hey Baby (Drop It to the Floor)」 등 여러 곡에 샘플로 사용됐다.

노래는 쇼의 시작을 알리듯 "Salt and Pepa's here, and we're in effect(솔트와 페파가 여기 왔어, 우리는 실제로 있지)"라는 문장으로 시작된다. 뒷부분에 쓰인 **be in effect**는 **존재하다, 시행되다, 어떤 목적을 띠고 작동되다**라는 뜻을 갖고 있다. be 동사 없이 문장 맨 앞에 **In effect**의 형태로 위치할 경우에는 대부분 **사실상**이라는 뜻으로 쓰인다.

뒤이어 "Coolin' by day then at night working up a sweat(낮에는 차분했지만 이제 밤이 됐으니 땀을 내야지)"라며 한층 분위기를 띄운다. 여기에서 사용된 숙어 **work up a sweat**는 **무언가를 이루기 위해 많은 노력을 기울이다**라는 뜻이다. 물론 땀을 만들어 내다와 같이 직역 가능하다. 두 뜻 모두 활발히 움직인다는 사항은 같다.

2. Biz Markie 「Just a Friend」(1989)

영화 〈맨 인 블랙 2Men in Black II〉에서 비트박스로 말하는 외계인 역을 맡기도 했던 래퍼 겸 비트박서 비즈 마키Biz Markie의 대표곡. 1990년 빌보드 싱글 차트 9위를 기록했다. 더그 이 프레시와 슬릭 릭Slick Rick이 함께한 「La Di Da Di」, 디제이 재지 제프 앤드 더 프레시 프린스의 「Parents Just Don't Understand」, 에미넘의 「My Name Is」, 아프로맨Afroman의 「Because I Got High」 등과 함께 코미디 랩의 주요 작품으로 꼽힌다.

래퍼인 화자는 공연 중에 한 여성 관객에게 호감을 느낀다. 공연을 마친 뒤 관객 사이에서 그녀를 다시 마주친 화자는 그녀에게 다가가 따로 보자며 속삭인다. 대기실로 찾아온 그녀와 이런저런 대화를 나누던 화자는 그녀에게 남자 친구가 있는지 묻는다. 자기에게는 오직 친구만 있다는 대답을 들은 화자는 그녀와 잘해 보기 위해 매일 통화한다. 기대에 부푼 것은 잠시. 그의 연애에는 생각지 못한 결말이 기다리고 있다.

2절은 반전을 귀띔하듯 "So I took blah-blah's word for it at this time(당시에는 그녀의 말을 믿었지)"라는 말로 시작한다. 이 문장에서 **take somebody's word**라는 표현이 눈에 띈다. **누군가의 말을 믿다**라는 뜻으로, 가사처럼 word 뒤에 for it이 따르기도 한다. 이때 그녀를 blah-blah로 나타낸 것은 1절에서 "I asked her name, she said blah-blah-blah(난 그녀의 이름을 물었고, 그녀는 어쩌고저쩌고 얘기했지)"라는 말로 그녀를 설명했기 때문이다. 이는 화자가 애초에 그녀의 이름 따위에는 관심이 없었음을 일러 준다. 더불어 겉모습만 보고 접근했음을 부연한다.

어느 날 그녀에게 전화를 걸었더니 황당하게도 웬 남자가 받는다. 전화를 끊고 다시 걸자 이번에는 그녀가 받았다. 그녀에게 방금 그 사람이 누구냐고 묻자 그냥 친구일 뿐이라고 대답한다. 조금 의심이 가지만 화자는 일단 그녀의 말을 믿기로 한다.

얼마 뒤 화자는 그녀를 놀래 주겠다는 생각으로 그녀가 다니는 대학교 기숙사를 예고 없이 방문한다. 한껏 들뜬 상태에서 기숙사 방문을 열자 충격적인 모습이 눈앞에 들어왔다. 이 순간 "Oh, snap! Guess what I saw?(이럴 수가! 내가 뭘 봤게?)"라는 말로 당혹감을 나타낸다. 여기에서 **oh, snap!**은 **헉!** 정도로 완곡하게 해석할 수 있는 감탄사다. 때로는 oh를 제외하고 snap만 쓰기도 한다.

그녀가 어떤 남자와 키스를 나누는 모습을 본 화자는 "Don't ever talk to a girl who says she just has a friend(자기한테는 친구만 있다는 여자와는 절대 말하지 마세요)"라는 메시지를 전하며 노래를 마무리한다. 「Just a Friend」는 요즘 말로 어장 관리에 당한 피해자의 눈물 어린 호소다. 하지만 외모에 혹해 접근한 화자의 태도도 썩 좋은 모습은 아니었다.

3. MC Hammer 「U Can't Touch This」(1990)

광택이 들어간 양복, 허벅지 통을 크게 부풀린 배기팬츠 패션과 화려한 춤을 통해 남다른 존재감을 나타낸 엠시 해머의 대표곡. 자신의 무대는 워낙 화끈해서 아무도 건드리지 못한다며 자화자찬하는 내용이다. 1990년 빌보드 싱글 차트 8위를 기록했으며, 1991년에 열린 그래미 어워드에서 최우수 아르앤드비 노래, 최우수 랩 솔로 퍼포먼스를 수상했다.

그는 3절에서 다른 가수들도 자기 무대를 보면 흥분해서 땀을 흘릴 정도라면서 연거푸 자랑을 늘어놓는다. 그리고 이어지는 훅에서 "That's word(내 말이 맞아)"라는 말로 한 번 더 자신감 넘치는 태도를 나타낸다. **that's my word**에서 나온 이 표현은 **정말이야, 내 말이 확실해** 정도로 해석할 수 있다. I'm serious, That's the truth와 같은 의미다.

4절에서 엠시 해머는 청취자들에게 춤을 출 것을 거듭 권유한다. 이 노래에 맞춰 춤을 추면 살도 **빠지고** 날씬해진다면서 몸을 흔들라고 한다. 그는 춤판을 만들기로 작정한 듯 4절을 **"Go with the flow(몸을 맡겨)"**라는 말로 연다. 관용적으로 쓰는 이 문장은 **흐름에 맡기다, 대세를 따르다**라는 뜻이다. 흥겨운 노래는 이미 마련됐으니 분위기를 타라는 얘기다.

엠시 해머는 노래 사이사이 "Hammer time!(해머의 시간이야!)"라는 말을 외친다. 그대로 해석하면 해머가 무대를 달굴 때가 왔다는 뜻이지만 노래의 경쾌한 분위기 때문에 신나게 놀자는 표어로 정착됐다.

4. Common 「I Used to Love H.E.R.」(1994)

힙합을 사랑하는 여인으로 의인화해 힙합에 대한 애정을 표현하는 동시에, 힙합이 지나치게 상업화되고 선정성과 폭력성이 짙어진 현실에 대해 비판한 노래. 힙합이 발생하던 초기에 흔히 쓰였던 구호 "Yes, yes y'all and you don't stop(그래, 너희 모두 춤을 멈추지 마)"를 훅으로 사용해 순수했던 과거의 모습을 되찾자고 넌지시 주장한다. 비록 히트하지는 못했지만 커먼Common은 이 노래를 통해 컨셔스 힙합의 핵심 인물로 자리매김하게 된다.

커먼은 제목에 **(한때) …을 하곤 했다**는 뜻의 **used to**를 사용함으로써 변해 가는 힙합에 대한 안타까운 마음을 강조한다. 또한 커먼은 힙합을 사람으로 나타낼 목적으로 "Hip hop in its essence is real"이라는 말을 지어냈다. 노래에 등장하는 그녀(H.E.R.)는 이 문장의 머리글자를 딴 것. **in its essence**는 **본질적으로, 요컨대, 말하자면**을 뜻한다.

5. Coolio 「Gangsta's Paradise」(1995)

1995년 개봉한 영화 〈위험한 아이들Dangerous Minds〉의 주제곡. 쿨리오Coolio는 이 노래로 1996년에 열린 그래미 어워드에서 최우수 랩 솔로 퍼포먼스 부문을 수상했다. 노래의 내용은 문제아들이 개과천선하는 영화의 줄거리와 비슷하다. 좋지 않은 환경에서 자란 화자는 갱단에 가입하지만 언제 닥칠지 모르는 죽음을 두려워하며 폭력배의 삶을 후회한다.

1절 중반쯤 화자는 자신을 향해 "You better watch how you talkin' and where you walkin'(넌 네가 어떻게 말을 하는지, 어디를 걷고 있는지 주의해야 할 거야)"라고 말한다. 그리고 이어서 "Or you and your homies might be lined in chalk(그렇지 않으면 너와 네 친구들은 분필로 선을 긋게 될 거야)"라고 말하며 또다시 어두운 현실을 자각한다. 두 번째 문장에 쓰인 lined in chalk는 사전에 있는 표현은 아니다. 살해 현장에서 시체가 있었던 자리를 하얀색 분필이나 스프레이로 표시하는 것을 chalk outline이라고 한다. 이를 토대로 만든 죽음에 대한 시적인 은유다.

2절에서 화자는 자기는 빈민가에서 자랐기에 평범한 삶을 살 수 없었다면서 "So I gotta be down with the hood team(그래서 폭력 조직에 들 수밖에 없었지)"라고 말한다. 이 문장에 사용된 **be down with**는 **…와 친하게 지내다**라는 뜻의 비격식 표현이다. 때에 따라서 **…에 관심을 갖다, …을 열심히 즐기다**라는 뜻으로 쓰이기도 한다. 여기에서 hood는 모자가 아닌 깡패, 불한당이라는 뜻의 hoodlum의 약칭이다.

6. Jay-Z 「Hard Knock Life (Ghetto Anthem)」(1998)

걸출한 랩 실력으로 20년 넘게 인기를 누리고 있는 힙합 신의 거물

제이-지의 초기 히트곡. 1998년 빌보드 싱글 차트 15위를 기록했다. 고난, 역경을 의미하는 hard knock(일반적으로 복수형 hard knocks 를 쓴다)과 흑인 빈민가를 뜻하는 ghetto를 내세운 제목이 암시하듯 제이-지는 빈민가의 삶이 힘겹다고 거듭 얘기한다. 그러면서 어려움을 극복하고 래퍼로 성공한 현재 모습을 자랑한다.

2절에서 "We live in hard knocks(우리는 역경 속에서 살아)"라고 말한 뒤 "We don't take over, we borrow blocks(우리는 동네를 인수하지 않아, 단지 빌릴 뿐이지)"라며 삶이 여유롭지 않음을 토로한다. 두 번째 문장에 나온 **take over**는 인계받다, 탈취하다라는 뜻. 명사 takeover는 매입, 기업 인수의 의미를 지닌다.

제이-지는 "I don't know how to sleep, I gotta eat, stay on my toes(나는 자는 법을 몰라, 먹고, 정신을 가다듬고 있어야 하지)"라는 말로 3절을 개시한다. 성공을 위해 부단히 노력했다고 주장하는 것이다. 이 문장 중 **stay on one's toes**라는 표현을 눈여겨볼 만하다. 발가락만으로 몸을 지탱하려면 당연히 발끝에 힘을 줘야 한다. 특정 부위에 힘을 줄 때에는 근육의 긴장을 위해 신경이 쏠릴 수밖에 없다. 그러므로 이 말은 **(무언가에 대비해서) 긴장을 늦추지 않고 있다**로 풀이할 수 있다. 사전에 등록된 관용어는 아니지만 일상생활에서도 적잖이 쓰이는 표현이다.

7. Eminem 「Stan」(2000)

백인 솔로 래퍼로서는 독보적인 존재인 에미넘의 대표곡. 빌보드 싱글 차트에서 높은 순위에 오르지 못했으나 긴장감 넘치는 스토리 덕분에 다수의 대중음악 전문지로부터 호평을 받았다. 에미넘을 좋아하는 가상의 골수팬 스탠(Stan: 남자 이름 스탠리Stanley의 애칭)이 에미넘에게 몇 차례 편지를 보내고 마지막에 가서는 에미넘이 그에게 답장을 보내는 구성으로 결말이 무척 살벌하다. 이 노래가 출시된 뒤 스탠은 유명 인사에게 광적으로 집착하는 팬을 가리키는 대명사로 자리매김했다.

1절은 스탠이 에미넘에게 꾸준히 편지를 써 왔다는 얘기로 시작한다. 그러고 나서 보통 편지를 보낼 때 으레 하듯 상대방인 에미넘의 안부를 묻는다. 이어서 "My girlfriend's pregnant too, I'm 'bout to be a father(내 여자 친구도 임신했어요, 난 곧 아빠가 될 거예요)"라며 자신의 근황을 전한다. 여기에서 …을 하려는 참이다라는 뜻의 **be about to do**가 사용됐다. 'bout는 about의 구어체 표기다.

4절은 에미넘이 스탠에게 보내는 답장 형식으로 꾸며져 있다. 스탠은 2절과 3절을 통해 나타난 다른 편지들로 답장을 보내 주지 않는 에미넘에게 서운함을 표시하고 화를 낸다. 그동안 받은 편지를 읽은 에미넘은 바빠서 답장을 쓰지 못했다면서 흥분을 가라앉히라고 얘기한다. 하지만 화를 이기지 못한 스탠은 이미 극단적인 선택을 했고, 그가 저지른 사건은 뉴스로도 보도된 상태다.

답장을 쓰던 에미넘은 스탠이 편지에 적은 말들을 떠올리다 자신이 뉴스로 접한 그 사건의 주인공이 바로 스탠이었음을 알아차린다. 이에 맞춰 노래는 "Come to think about it, his name was… it was you, damn(그러고 보니, 그의 이름이… 이런, 당신이잖아)"라는 에미넘의 혼잣말로 마무리된다. 여기에서 숙어 **come to think of it**를 찾아볼 수 있다. **지금 말하는 내용과 관련해 불현듯 어떤 것이 생각났을 때 쓰는 표현**이다. 흔하지는 않지만 가사와 같이 of 대신 about을 쓰기도 한다.

8. Eve 「Let Me Blow Ya Mind」(2001)

1998년 영화 〈불워스Bulworth〉의 사운드트랙으로 데뷔해 이듬해 루츠The Roots의 「You Got Me」, 리듬앤드블루스 그룹 블랙스트리트Blackstreet의 「Girlfriend/Boyfriend」 등에 참여하며 이름을 알린 여성 래퍼 이브Eve의 대표곡. 본인의 실력과 지위를 자만하는 내용이다. 2002년 그래미 어워드에서 그해 신설된 최우수 랩/노래 퍼포먼스 부문을 수상했다.

후렴 가사이기도 한 제목에 숙어가 쓰였다. **blow one's mind**는 그대로 번역하면 누군가의 정신을 날려 버린다는 뜻이다. 다르게 표현하면 **정신을 쏙 빼놓겠다, 정신을 못 차리게 하겠다**는 뜻으로 해석

가능하다. 조금 더 풀어서 말하면 놀라운 매력으로 누군가의 마음을 홀린다는 표현이다.

1절 중반에 "E-V gon' be lastin'(이브는 오래갈 거야)"라는 가사가 나오는데, 이 말을 하기 전에 **Easy come, easy go**라는 표현을 쓴다. **쉽게 얻은 것은 쉽게 잃는다**는 뜻. 본인의 랩 실력과 지금의 인지도는 쉽게 이룬 것이 아님을 강조하고 있다.

2절에서 이브는 "Sophomore, I ain't scared, one of a kind(두 번째, 난 두렵지 않아. 난 특별하니까)"라며 과시를 이어 간다. sophomore의 원뜻은 2학년이지만 이 숫자 때문에 두 번째, 2년 차라는 의미로 쓰일 때가 많다. 데뷔작이나 첫 활동은 성공적이었지만 그 다음 활동이 부진한 경우에 쓰는 '소퍼모어 징크스sophomore jinx'라는 표현이 대표적이다. 이브 역시 「Let Me Blow Ya Mind」가 수록된 앨범이 2집이라서 소퍼모어 징크스를 얘기한 것이다. 우리니라 음악팬들에게는 지드래곤의 노래 제목으로 익숙할 **one of a kind**는 **특별한 사람, 유별나게 뛰어난 사람**을 뜻한다.

9. Kanye West 「Gold Digger」(2005)

매번 다채롭고 실험적인 음악을 선보임으로써 음악성을 인정받은 프로듀서 겸 래퍼 카녜이 웨스트의 대표곡. 2006년 열린 그래미 어워드에서 최우수 랩 솔로 퍼포먼스 부문을 수상했다. 남자의 등골을 빨아먹는 일부 못돼 먹은 여성을 비판하는 내용이다.

제목으로 내건 **gold digger**는 일반적으로 금을 파내는 사람, 즉 금광쟁이를 칭하지만 **물질적인 이익을 목적으로 남자와 사귀는 여자**라는 뜻도 있다. 금을 캐는 사람이라는 정의에 착안해 올림픽 등의 **대회에서 금메달을 딸 만한 기대주**를 가리키는 표현으로 사용되기도 한다.

객원 가수로 참여한 배우 겸 가수 제이미 폭스는 도입부에서 "She take my money when I'm in need(그녀는 내가 어려울 때 내 돈을 가져가)"라며 노래에 등장하는 그녀가 얼마나 사악한 사람인지 압축적으로 서술한다. 이 문장에 쓰인 **in need**는 **궁핍한 상태**를 일컫는다.

카녜이 웨스트는 3절에서 그녀를 향해 돈 많은 남자만 찾지 말고 건실한 사람을 붙잡으라고 충고한다. 이때 "So stick by his side(그러니 그 사람 곁을 지켜)"라고 당부한다. 여기에 쓰인 **stick by**는 **(곤란한 상황에서도) …를 떠나지 않다, 의리를 지키다**라는 뜻이다.

10. Wiz Khalifa 「See You Again」(2015)

2015년 개봉한 영화 〈분노의 질주: 더 세븐Furious 7〉의 사운드트랙. 2013년 자동차 사고로 사망한 영화의 주연배우 폴 워커Paul Walker를 위한 추모곡이기도 하다. 빌보드 싱글 차트에서 12주 비연속 1위를 기록했다.

1절 중 "I know we loved to hit the road and laugh(우리는 여행을

떠나고 웃는 것을 좋아했지)"라는 가사에서 숙어가 쓰였다. **hit the road**
는 **여행길에 오르다, 길을 나서다**라는 뜻. 이 표현은 음악팬들에게 리
듬앤드블루스, 솔뮤직 가수 레이 찰스_{Ray Charles}의 1961년 히트곡
「Hit the Road Jack」으로 가장 익숙할 것이다.

2절에서는 끈끈한 우정을 언급하면서 형제애를 최우선에 두는
규칙은 "Established it on our own(우리가 세운 것)"이라고 말한다. 여
기에서 사용된 **on one's own**은 **자력으로, 스스로**라는 뜻이다.

힙합은 어떻게 힙하게 됐을까?

ⓒ 한동윤, 2018

초판 1쇄 발행일 2018년 10월 19일
초판 5쇄 발행일 2021년 7월 8일

지은이   한동윤
펴낸이   정은영
편집   고은주 김정택
마케팅   최금순 오세미 김하은
제작   홍동근

펴낸곳   (주)자음과모음
출판등록   2001년 11월 28일 제2001-000259호
주소   (04047) 서울시 마포구 양화로6길 49
전화   편집부 (02)324-2347, 경영지원부 (02)325-6047
팩스   편집부 (02)324-2348, 경영지원부 (02)2648-1311
이메일   jamoteen@jamobook.com

ISBN 978-89-544-3913-8 (44080)
     978-89-544-3135-4 (set)

이 도서의 국립중앙도서관 출판예정도서목록(CIP)은 서지정보유통지원시스템
홈페이지(http://seoji.nl.go.kr)와 국가자료공동목록시스템(http://www.nl.go.kr/kolisnet)에서
이용하실 수 있습니다. (CIP제어번호: CIP2018029056)